Peter Wilcox
Illustrationen von Gerry Embleton und Angus McBride

Feinde Roms

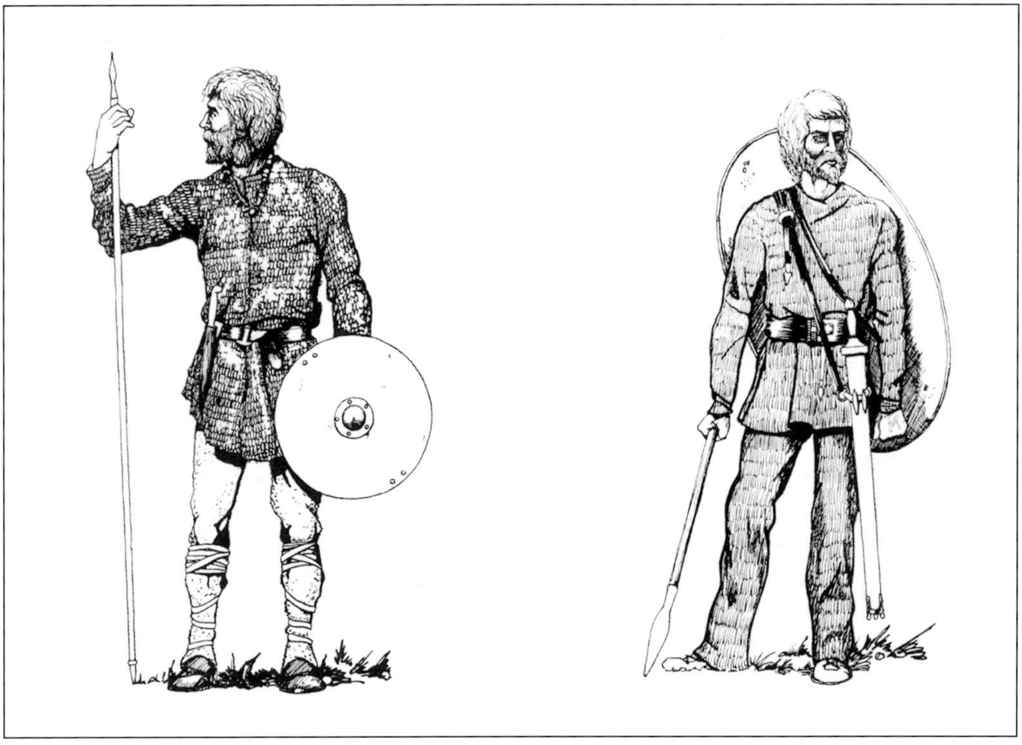

Brandenburgisches Verlagshaus
SIEGLER

IMPRESSUM

Mathias Lempertz GmbH
Hauptstr. 354
53639 Königswinter
Tel.: 02223 / 900036
Fax: 02223 / 900038

Deutsche Ausgabe:

Englische Originalausgabe:

Rome's Enemies (1) Germanics and Dacians
First published in Great Britain in 1982, by Osprey Publishing Ltd, Midland House, West Way, Botley, Oxford OX2 0PH, UK.

Rome's Enemies (2) Gallic and Brithish Celts
First published in Great Britain in 1985, by Osprey Publishing Ltd, Midland House, West Way, Botley, Oxford OX2 0PH, UK.

Verantwortlich für den Inhalt: Peter Wilcox

Deutsche Übersetzung: Lüder Meyer

Umschlagentwurf: Grafikbüro Olaf Schumacher, Königswinter

Satz und Layout: Hilga Pauli

Druck: Ellwanger Bayreuth

Printed and bound in Germany

ISBN: 978-3-93990-859-3

INHALT

Feinde Roms

1. TEIL:

Germanen und Daker

2. TEIL:

Die gallischen und britischen Kelten

PETER WILCOX ist Experte für die Zivilisationen des Altertums. Er hat zahlreiche Artikel zu diesem Thema geschrieben und ist der Autor mehrerer Osprey Ancient Warfare-Titel, einschließlich aller fünf Bände der Mini-Serie „Feinde Roms“.

GERRY EMBLETON ist seit Anfang der 1970er Jahre ein führender Illustrator historischer Ereignisse, der auf die Geschichte des 18. und 19. Jh. spezialisiert ist. Er hat zahlreiche bei Osprey erschienene Titel verfasst und illustriert. Seit Anfang der 1980er Jahre lebt er in der Schweiz.

ANGUS McBRIDE hat sich über die Jahre hinweg auf diesem Gebiet als einer der weltweit meistgeachteten Illustratoren etabliert. Er hat eine Vielzahl von Osprey-Titeln mit vielfältigen Inhalten illustriert, von der deutschen Armee des Zweiten Weltkriegs bis hin zu den alten Assyrern. Angus hat sich auf die Epochen Altertum und Mittelalter spezialisiert, wo seine Arbeiten in puncto technischer Genauigkeit und kreativer Atmosphäre unübertroffen sind. Angus lebt und arbeitet in Kapstadt in Südafrika.

Feinde Roms

Teil 1: Germanen und Daker

ZEITTAFEL

Siehe Begriffs- und Namensglossar auf Seite 92.

3000 v. Chr. Indogermanen breiten sich nach Nordwesteuropa aus, wo sie sich unter der dort ansässigen Bevölkerung aus jungsteinzeitlichen Bauern und altsteinzeitlichen Jägern ansiedeln.

2000 v. Chr. Keltisch-ligurische Stämme beherrschen weite Teile Mittel- und Westeuropas. Die Angehörigen der Glockenbecherkultur beginnen sich auf die Britischen Inseln auszubreiten. Andere Indogermanen ziehen nach Osten, wo zwei große thrakische und iranische Gruppen leben. Das heutige Deutschland ist weitestgehend von Balten und Slawen besiedelt. Illyrische Stämme bewohnen das südliche Europa zwischen der italienischen Halbinsel und Griechenland. (Italische Indogermanen waren auf ihre Halbinsel und kriegerische griechische Stämme aus der Donauregion in den Mittelmeerraum gezogen.)
Die Teutonen dieser Zeit besetzen große Teile der skandinavischen Halbinsel, wo eine nordgermanische Ethnie aus der Vermischung von eindringenden Indogermanen und Überlebenden der Altsteinzeit entstanden ist. Indogermanische Stämme nehmen nun den größten Teil Europas ein, auf Kosten der ursprünglichen Bewohner, die entweder in unzugänglichere Teile des Kontinents verdrängt werden oder die untere Schicht der Gesellschaft, die „Parias“ Europas, bilden.

600 v. Chr. Auf dem europäischen Festland beginnt die prächtige keltische Eisenzeitkultur der Hallstattzeit. Etwa zur gleichen Zeit überrennen die Kelten Zentralspanien.

400 v. Chr. Die zweite Phase der keltischen Eisenzeitkultur entwickelt sich: Die La-Tène-Zeit gilt als die Blütezeit der keltischen abstrakten

Germanen auf der im Jahr 113 n. Chr. errichteten Trajanssäule. Ihr beeindruckender Körperbau ist deutlich sichtbar. Einer von ihnen trägt stolz den suevischen Haarknoten. Zwei Arten von Umhängen sind zu erkennen: ein langer, zweifach gefalteter Umhang mit einem breiten Quastensaum, und (oben rechts) ein runder mit diagonaler Kopföffnung.

Bei Eckernförde (Schleswig-Holstein) gefundener Schädel eines alten Mannes aus dem 1. Jh. n. Chr. Das rotblonde Haar ist zu einem akkuraten Suebenknoten zusammengekämmt und gebunden. Man vergleiche diesen Kopf mit dem geschnitzten Kopf eines germanischen Häuptlings, möglicherweise von einem der Donau-Stämme, aus dem Grab von A. Julius Pompilius, einem General Mark Aurels, 175 n. Chr.
(Nationalmuseum, Terme)

Kunst, wie sie u.a. in den Verzierungen von Waffen zu sehen ist. Hallstatt-Kelten ziehen nach Britannien.

La-Tène-Kelten überqueren die Alpen und übernehmen die Herrschaft über Norditalien. Etruskische Siedlungen in der Po-Ebene werden ausgelöscht und Rom während eines langdauernden Raubzugs über die Halbinsel geplündert.

350 v. Chr. Rom besiegt die Kelten in Italien.

300 v. Chr. Rom erlangt die Herrschaft über ganz Italien.

115 v. Chr. Keltische Stämme aus der mittleren Donauregion, die Kimbern und die Teutonen, fallen in Gallien ein. Während des Raubzugs schließen sich ihnen die Ambronen, ein anderer keltischer Stamm, an und sie vernichten fünf römische Armeen, die gegen sie gesandt werden, bevor sie sich gegen Italien wenden.

102 v. Chr. Die Kimbern, Teutonen und Ambronen werden von einer neu gestalteten römischen Armee zerschlagen, die von Marius, einem General unbekannter Herkunft, ausgehoben und ausgebildet worden ist und nun von ihm geführt wird.

100 v. Chr. Die Goten durchqueren den Ostseeraum von der skandinavischen Halbinsel nach Norddeutschland.

58-51 v. Chr. Julius Cäsar besiegt die meisten keltischen Stämme Galliens und schlägt Berichten zufolge einen versuchten Einfall von Stämmen des anderen Rheinufers zurück.

27-12 v. Chr. Die römischen Streitkräfte stoßen in Mittel- und Osteuropa bis zur Donau vor, die nun fast über ihre gesamte Länge die nördliche Grenze des Reiches bildet. Der Plan einer Ausdehnung der Grenze bis an die Elbe wird nach der katastrophalen Niederlage im Teutoburger Wald fallen gelassen. Zu etwa dieser Zeit bildet Augustus ein stehendes Heer aus 25 Legionen.

9 n. Chr. Die nordgermanische Garnison, bestehend aus der XVII., der XVIII. und der XIX. Legion, wird in einem Hinterhalt im Teutoburger Wald vernichtet. Diese drei Legionen wurden nie wieder aufgestellt. Die Rhein-Donau-Linie markiert nun die nördliche Grenze des Römischen Reichs

43 n. Chr. Römische Streitkräfte fallen in Britannien ein und nehmen von der Südküste aus schnell ein Drittel des Landes ein.

69-79 n. Chr. Der aus dem Rhein und der Donau gebildete Winkel wird abgerundet. Die römische Besetzung des britischen Tieflands wird auf das Hochland ausgeweitet. Zwei weitere Legionen gehen während eines Aufstandes von Hilfstruppen am Rhein verloren.

81 n. Chr. Die römische Armee führt mehrere Feldzüge an der Donau durch, insbesondere gegen das thrakische Königreich Dakien.

101 n. Chr. Kaiser Trajan beginnt eine großangelegte Invasion Dakiens. Nach zwei Feldzügen gelingt es den Römern, den Widerstand der Daker zu brechen. Durch die Eroberung entsteht eine geographische Ausbuchtung des Reiches jenseits der Donau. Die römischen Streitkräfte an der Donau werden um drei Legionen verstärkt, während vom Rhein drei Legionen abgezogen werden.

15 n. Chr. Ostgermanische Stämme beginnen nach Süden zu ziehen. Einige von ihnen treten einer dauerhaften Föderation bei.

181 n. Chr. Ein massiver, von den Markomannen und Quaden angeführter Barbarenüberfall auf die

Donauprovinzen entfacht eine Reihe wild umkämpfter Kampagnen während der Regierungszeit des Philosophenkaisers Mark Aurel.

251 n. Chr. Die Goten fallen auf dem Balkan und in Anatolien ein. Kaiser Decius fällt in einer Schlacht.

256 n. Chr. Fränkische und alemannische Kriegstruppen überrennen Gallien und fallen in Spanien und Italien ein.

275 n. Chr. Angesichts des wachsenden Drucks an der nördlichen Grenze geben die römischen Streitkräfte sowohl die dakische Ausbuchtung als auch den Rhein-Donau-Winkel auf. Die Gepiden und die Goten ziehen nach Dakien; die Alemannen erobern den Rhein-Donau-Winkel und burgundische Stämme das mittlere Rheingebiet.

280 n. Chr. Die Goten breiten sich unter Führung ihres Königs Ermanarich über weite Teile Eurasiens und den nördlichen Ostseeraum aus. Angelsächsische Überfälle an der britischen Ostküste und gallischen Nordküste nehmen zu.

358 n. Chr. Die Alemannen und Franken werden von dem späteren römischen Kaiser Julian in Gallien besiegt. Einige Franken bleiben als mit den Römern verbündete Bauern (Föderaten) in Nordwestgallien.

360 n. Chr. Die Ostgoten kommen mit den westwärts ziehenden Hunnen, einem turko-mongolischen Volk, in Kontakt.

372 n. Chr. Die nomadischen Horden der Hunnen greifen die anrückenden Goten an der Wolga an und besiegen sie. Es gelingt ihnen nach Europa vorzudringen, wo sie sich als Oberherren von slawischen Bauern und Gepiden im ungarischen Flachland niederlassen.

375 n. Chr. Die Goten und die Asdingen, ein Teilstamm der Vandalen, suchen Schutz im römischen Reich. Sie werden entlang der Donau angesiedelt, wo sie von römischen Händlern und Beamten erniedrigt werden.

378 n. Chr. Die Westgoten revoltieren gegen das römische Reich.

379 n. Chr. Der Kaiser des Ostreiches fällt bei Adrianopel und seine Armee wird von der gotischen Armee, die größtenteils aus Kavallerie besteht, ausgelöscht.

380 n. Chr. Germanen, Sarmaten und Hunnen werden in den Dienst des römischen Reichs genommen. Dies hat zur Folge, dass barbarische Anführer beginnen, eine zunehmend aktive Rolle im Leben des Reichs zu spielen.

402 n. Chr. Die Goten fallen in Italien ein, wo sie durch den romano-vandalischen General Stilicho besiegt werden.

405 n. Chr. Stilicho vernichtet eine gemischte Armee aus Ostgoten, Quaden, Asdingen und Silingen mit einer Armee, die er aus Grenzstreitkräften des Rheins zusammengestellt hat, wodurch dieser Frontabschnitt gefährlich geschwächt wurde.

406 n. Chr. Eine Vereinigung aus Asdingen, Silingen, Markomannen, Quaden und einem sarmatisch-alanischen Stamm überquert den gefrorenen Rhein bei Mainz in Richtung Gallien.

407 n. Chr. Die römische Garnison zieht sich aus Britannien zurück und überquert, unter dem Vorwand, die germanischen Angreifer in Gallien zurückzuschlagen, den Ärmelkanal. In Wirklichkeit aber wählen sie einen aus ihren Reihen zum Kaiser und bemühen sich um die

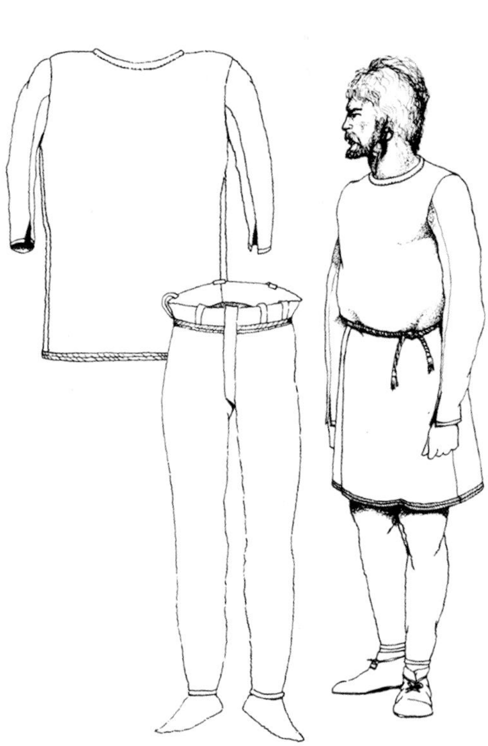

Nachbildung eines wollenen Twill-Kittels und Hosen aus Angeln, Dänemark, aus dem 1. Jh. v. Chr.

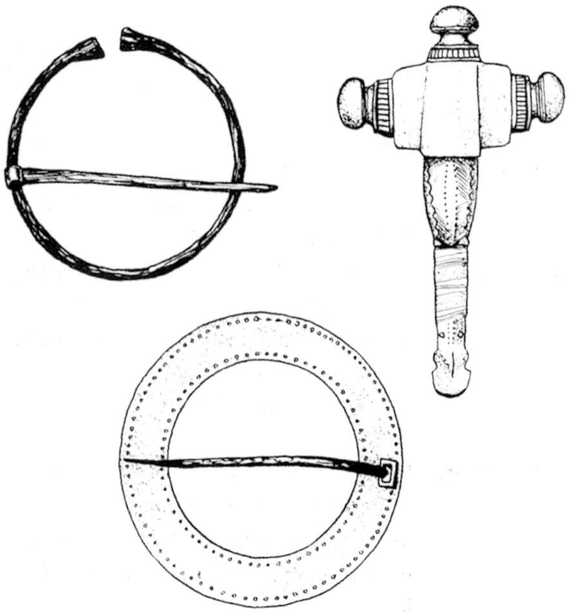

Germanische Umhangsbroschen

Anerkennung der Franken, Burgunder und Alemannen, die westlich des Rheins siedeln.

409 n. Chr. Die große Barbarenkoalition aus Vandalen, Sueben und Sarmaten, die Gallien drei Jahre lang verwüstet hat, überquert die Pyrenäen in Richtung Spanien.

410 n. Chr. Das römische Britannien zerfällt und gerät unter die Herrschaft kleiner romano-keltischer Fürsten. Die Westgoten plündern unter der Führung von Alarich Rom.

412 n. Chr. Die Westgoten ziehen in Diensten Roms nach Gallien und entthronen einen weiteren Thronräuber.

414 n. Chr Die Westgoten ziehen nach Spanien, wo sie die dort ansässigen Silingen und sarmatischen Alanen vernichten (416). Die Asdingen, Markomannen und Quaden werden durch römische Intervention verschont, um zu vermeiden, dass die Macht der Westgoten zu groß wird. Als Belohnung für ihre Anstrengungen werden die Westgoten von den römischen Machthabern dazu eingeladen, ein weitläufiges Gebiet in Südwest Gallien zu besiedeln.

428 n. Chr. Die Asdingen fallen in Nordafrika ein. Sie bauen eine eigene Flotte und fordern Lösegeld für die römischen Getreidevorräte.

433 n. Chr. Attila, der spätere König der Hunnen, wird geboren.

436 n. Chr. Die Hunnen stoßen weit in das Germanengebiet vor. Viele Stämme werden hunnische Vasallen.

449 n. Chr. Germanische Stämme beginnen, sich dauerhaft in Britannien anzusiedeln.

451 n. Chr. Attila führt die Hunnen und ihre germanischen Vasallen nach Gallien, wo sie auf römische Truppen, Burgunder, Salfranken und Westgoten treffen. Nach der Schlacht auf den Katalaunischen Feldern werden sie zurückgedrängt und ziehen sich bis nach Ungarn zurück.

452 n. Chr. Attila fällt in Italien ein, aber die Hunnen werden von den römischen Machthabern bestochen und ziehen sich zurück.

453 n. Chr. Attila stirbt. Die Vandalen plündern Rom.

454 n. Chr. Germanische Vasallen fügen ihren hunnischen Herren in der Schlacht am Nedao eine entscheidende Niederlage zu.

469-78 n. Chr. Die Westgoten erobern den größten Teil Spaniens. Der germanische General Odoaker wird König von Italien und wird vom Oströmischen Reich anerkannt.

493 n. Chr. Theoderich, König der Ostgoten, wird Regent von Italien.

507 n. Chr. Unter ihrem König Chlodwig dehnen sich die Franken über weite Teile Galliens aus.

526 n. Chr. Theoderich stirbt.

528 n. Chr. Nachdem sie die Gepiden besiegen, fallen die Lombarden, unterstützt von awarischen Nomaden, in Italien ein und besiedeln den Norden dauerhaft.

EINLEITUNG

In dem Bericht, den der Franziskanermönch Wilhelm von Rubruk seinem König aus Akkon zukommen ließ, schreibt er von seinen Reisen auf der Halbinsel Krim: „Auf dem gesamten Weg von Cherson bis zur Mündung des Tanais sind hohe Berggipfel entlang der Küste zu sehen, und es gibt 40 Siedlungen zwischen Cherson und Soldaia, wo in fast jeder eine eigene Sprache gesprochen wird. Viele Goten leben hier, deren Sprache das Germanische ist…“ Drei Jahrhunderte später, um das Jahr 1554, stieß der französische Reisende Augerois de Busbeck auf der Krim, an den Ufern des Schwarzen Meeres auf ein Volk, welches er als Goten beschrieb. Nach eingehender Untersuchung ihrer Sprache anhand von Beispielen aus dem 16 Jahrhundert, wurde sie von Sprachforschern als Gotisch identifiziert, mit einigen sprachlichen Neuerungen, die auf slawischen Einfluss zurückgingen. Heute sind von diesem Volk keine Spuren mehr zu finden.

Diese zufälligen Hinweise auf alles, was von dem einst zahlreichen und mächtigen Volk der Goten übrig geblieben war, können heute nicht mehr mit den uns zur Verfügung stehenden hoch entwickelten anthropologischen Methoden überprüft werden. Glücklicherweise gibt es aber umfangreiche Belege in Form von Skeletten, nicht nur von den Goten, sondern auch von anderen germanischen Völkern aus der Zeit der Völkerwanderung. Dadurch war es Anthropologen möglich, die Abstammung von Völkern zu bestimmen, von denen wir andernfalls nur die Namen kennen würden – farblose Schatten ihrer selbst.

Während des ersten Jahrtausends vor Christus dehnten sich zwei große indogermanische Völker, die Kelten und die Skythen, nach Mittel- und Nordeuropa aus: die Kelten nach Westen, die Skythen nach Osten. Ihnen folgten zwei weitere Gruppen: die Germanen im Westen, die Slawen im Osten. Die beiden letztgenannten indogermanischen Gruppen sollten langfristigen Einfluss auf ihre gewählten Siedlungsgebiete, und später auf den ganzen Planeten, nehmen, insbesondere die Germanen.

Die tatsächliche Zeit der germanischen Migration, die Völkerwanderung, beginnt erst im 3. Jahrhundert. Allerdings sehen einige Wissenschaftler in dem letztendlich erfolglosen Einfall von plündernden keltischen Horden in das römische Italien die erste Auskundschaftung des Südens durch germanische Krieger. Die Kimbern und Teutonen hatten zwischen 114 v. Chr. und 102 v. Chr. in einer Reihe von Aufeinandertreffen in ganz Gallien zahlreiche römische Armeen vernichtet. Die Wanderungen endeten erst mit der Christianisierung der Norweger im 11. Jh.. Die Heimat der Germanen umfasste das heutige Dänemark, die norddeutsche Küste von der Elbmündung bis zur Ostsee, sowie die Inseln Gotland und Bornholm. Von dort aus begannen kriegerische Stämme, die ihre Heimat aufgrund von Überbevölkerung verließen, ihre Wanderungen. Einige haben ihre Namen verloren, da sie im darauf folgenden Chaos schnell in größeren germanischen Verbünden aufgingen. Die germanischen „Barbaren“ der dunklen, nasskalten Wälder Nordeuropas, die das Weströmische Reich überrannten, waren Nachkommen von Bauern, die zu den Waffen griffen. Zu der Zeit, in der Tacitus seine *Germania* verfasste (1. Jh. n. Chr.), stellten Krieger einen großen Anteil der männlichen Bevölkerung, die Stammesstruktur befand sich im Wandel und die Gesellschaft bewegte sich auf eine Krise zu. Erfolgreiche Kriegsherren, die normalerweise nur für einen einzelnen Feldzug gewählt wurden, wurden nun als ständige Häuptlinge anerkannt. Der Erfolg vieler Anführer zog andere kriegerische Stämme an, und in einer Zeit ständigen Kriegs gingen die Stämme in Großstämme über, die von gewandten Kriegsherren angeführt wurden.

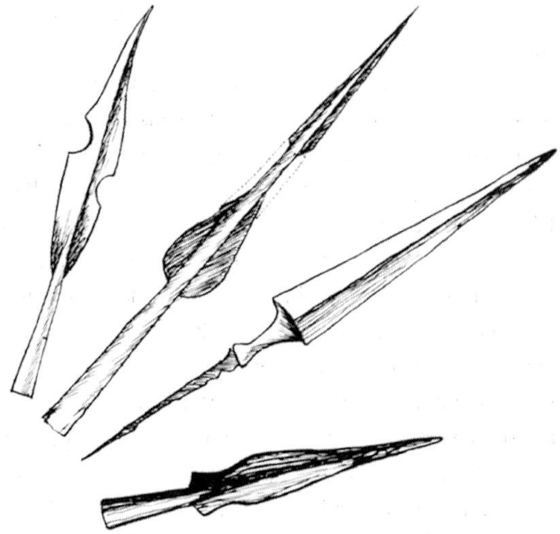

Keltische Eisen-Lanzenspitzen aus der La-Tène-Zeit

Diese robusten nördlichen „Barbaren“ waren die Zerstörer des Weströmischen Reichs. Sie waren es, die dem sterbenden Koloss im Süden den Gnadenstoß versetzten und in der Folge das mittelalterliche Europa, das Feudalsystem und das Rittertum schufen. Die Ritter und Waffenknechte waren ihre direkten Nachkommen. In jeder Hinsicht waren sie die Begründer der heutigen Welt, ironischerweise wissen die meisten von uns jedoch praktisch nichts über sie.

DER KRIEGER

Ein entscheidender Faktor in der frühen germanischen und keltischen Kriegsführung war der große und kräftige Körperbau der Krieger. Die Germanen waren Vertreter des frühen nordischen Typs, der mit der indogermanischen Invasion nach Nordeuropa gelangte. Sie waren im Allgemeinen durch die Vermischung mit den großen nordischen Jägern, die sich seit der letzten Eiszeit in Nordeuropa gehalten hatten, eher groß gewachsen. Ihre Körper waren schwerer und kräftiger als der reine nordische Typ und sie hatten eine große Hirnschale. Von zahlreichen frühen Schriftstellern ist überliefert, dass ihre Haare üblicherweise blond oder rötlich waren, was man auch unter ihren heutigen Nachkommen beobachten kann. Zwei Ausnahmen bildeten die Alemannen und die Franken, die dem Volk ähnelten, unter dem sie sich schließlich niederließen: den Kelten.

Ihre Ernährung war schwer verdaulich und proteinreich, im Allgemeinen bestand sie aus Schwein, Rind und Fisch (sowohl frisch als auch eingesalzen), Hammel, Reh, Wild, Brot, Bier und Milchprodukten.

Die alltägliche Kleidung variierte von Gruppe zu Gruppe. Im Allgemeinen jedoch war sie im ganzen Norden gleich: ein einfacher Kittel, eine lange Hose und ein Umhang, üblicherweise aus schwärzlicher oder dunkelbrauner Wolle. Der Kittel reichte bis zu den Knien und war entweder mit kurzen oder langen Ärmeln versehen. Mehrere Kittel konnten übereinander getragen und bei kaltem Wetter durch verschiedene Arten von Fellen und Pelzen ergänzt werden. Im Sommer wurde häufig ganz auf die Obergewänder verzichtet. Leinen war bekannt, aber ein teures Importgut aus dem Süden und aus diesem Grund wurde es nur von reicheren und weitgereisten Stammesangehörigen getragen. Die Hosen wurden mit Riemen aus Rohleder geschnürt, manchmal mit Kreuzriemen um die Unterschenkel und Knöchel. Sie wurden aus Wolle, Fell und Häuten hergestellt. Wenn knielange Hosen getragen wurden, so wurden sie mit enganliegenden Stulpen kombiniert. Gürtel verschiedener Dicke wurden um die Hüfte oder Schulter getragen, in manchen Fällen sogar beides. Zum Tragen der Schilde konnten Riemen verwendet werden.

Der rechteckige oder runde, aus Wolle gewebte Umhang hatte einen Umfang von etwa 1,5 m und war bisweilen mit Fell gefüttert. Ebenso wurden reine Fellmäntel getragen. Sie wurden mit verschiedenartigen Spangen oder Broschen befestigt, die sich unter den Stämmen unterschiedlicher Beliebtheit erfreuten. Die Kleidung der unteren Schichten war grob, wie beispielsweise einfache Felle oder gewebte Kittel. Die Schuhe waren einfach gestaltet und ähnelten in mancher Hinsicht den Mokassins der nordamerikanischen Indianer: Sie wurden von der Sohle um den Fuß gelegt und am Knöchel geschnürt.

Das Haar wurde oftmals lang gelassen, manchmal geflochten oder in einem eigentümlichen Haarknoten gebunden, wie es z. B. die Sueben, Markomannen und Quaden taten. Bärte waren üblich, wurden aber nicht immer getragen. Normalerweise trugen Stammesangehörige keine Kopfbedeckung, bei kaltem Wetter jedoch schützende Fell- und Wollmützen. Im Germanengebiet wurden frühe Rasiermesser, Kämme, Scheren und Pinzetten gefunden. Die raue Wollkleidung, die die Germanen verwendeten, wurde in einfachen Farben mit gestreiften oder anderen geometrischen Mustern gewebt. Zum Färben dienten pflanzliche Stoffe. Diese Fähigkeit war im Norden bereits in der Bronzezeit, wenn nicht schon früher, bekannt. Rot wurde aus der Krappwurzel gewonnen, gelb aus Safranblüten und Gilbkrautstängeln oder -blättern, blau aus Waid und grün aus der Pflanze, die wir heute als Färber-Ginster kennen. Viele Kleidungsstücke wurden allerdings in ihrem natürlichen Farbton belassen, da Wolle über eine Vielzahl von Farbtönen, von fast reinem Weiß über Beige, Braun und Grau bis hin zu Schwarz, verfügt.

Armreifen, Ohrringe, Halsketten, Perlen und Ringe wurden je nach Geschmack von beiden Geschlechtern getragen.

Die germanische Kultur wurde stark von der reichen nordeuropäischen Bronzezeit sowie von den Kelten und Skythen beeinflusst. Nach der Niederlage der Kelten in Gallien spielte die römische Kultur eine immer bedeutendere Rolle in der nordeuropäischen Gesellschaft. Ab dem Zeitpunkt, als sie sich an den nördlichen Grenzen gegenüberstanden, be-

Bei Nydam gefundene Langbögen aus dem späten 4. Jh. n. Chr. Sie sind circa 2 m lang, aus Eibe gefertigt und den englischen Kriegsbögen aus dem Mittelalter sehr ähnlich. Die Pfeile aus Kiefernholz und Hasel messen zwischen 68 und 85 cm. Sie wurden in Bündeln gefunden. *(Nicht maßstabsgetreu)*

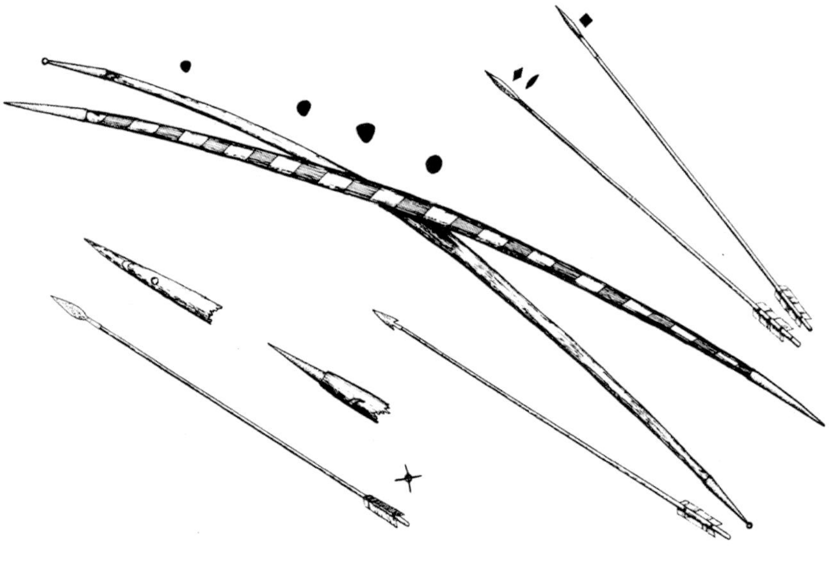

gannen die langanhaltenden Beziehungen zwischen den beiden Völkern und die Römer dienten den Galliern als Quelle von Waffen und Luxusgütern.

Über den Krieger

„...Niemand wusste, wer diese Menschen waren und woher sie kamen, als sie wie eine Gewitterwolke über Gallien und Italien hereinbrachen. Sie hatten keinen Kontakt mit den südlichen Völkern und hatten bereits einen langen Weg hinter sich. Die wahrscheinlichste Vermutung war, dass sie einer der germanischen Stämme waren, deren Herrschaftsgebiet sich bis zum Nordmeer erstreckt. Diese Annahme basierte auf ihrer Körpergröße, ihren hellblauen Augen und der Tatsache, dass das germanische Wort für Plünderer „Kimbern“ ist....Die Barbaren waren so voller Selbstvertrauen und Verachtung für ihre Feinde, dass sie sich, unnötigerweise, darum bemühten, stets ihre Stärke und Kühnheit zur Schau zu stellen. Sie gingen nackt durch Schneestürme, bestiegen die Gipfel der Berge durch Eis und Schneewehen und rodelten von dort mit ihren großen Schilden als Schlitten die rutschigen Abhänge und Gletscherspalten hinunter.“ (Aus der Textstelle über die Kimbern und Teutonen, *Untergang der Römischen Republik* von Plutarch.)

„...Die Germanen tragen keine Brustschilde oder Helme. Nicht einmal ihre Schilde sind mit Eisen oder Leder verstärkt, sondern lediglich geflochten oder bemalte Bretter. Nur die Kämpfer an vorderster Front sind mit einer Art Lanze bewaffnet. Der Rest trägt Knüppel, die am Ende gebrannt oder mit kurzen Metallspitzen versehen sind. Ihr Körperbau ist furchteinflößend, gut geeignet für einen kurzen Ansturm. Aber sie halten keine Verletzungen aus...“ (Teil einer Rede, die Germanicus seinen Truppen am Vorabend einer Schlacht hielt, 16 v. Chr.)

„...In ihrem Krieg mit Commodus mussten die Buri, ein kleiner Germanenstamm von der mittleren Donau, den Kaiser mehrmals um eine Waffenruhe bitten, um ihre knappen Waffenbestände aufzufüllen. Sie sind groß gewachsen und kleiden sich in enganliegenden Kleidern mit Gürteln um der Hüfte. Sie schleudern ihre Äxte und werfen ihre Speere mit großer Kraft, ohne jemals ihr Ziel zu verfehlen. Sie sind sehr geschickt im Umgang mit ihren Schilden, wenn sie auf ihre Feinde zurasen, als ob sie selbst schneller wären als ihre Wurfspeere.“ (Agarthius, 405 n. Chr. über die Franken.)

„...Die Lanze eines gotischen Reiters durchfuhr einen römischen Kavalleristen. Der Gote hob langsam die triefende Lanze mitsamt dem gepanzerten, um sich tretenden und sich übergebenden Römer empor.“ (Prokop, Sekretär des großen oströmischen Generals Belisar, 6. Jh. n. Chr.)

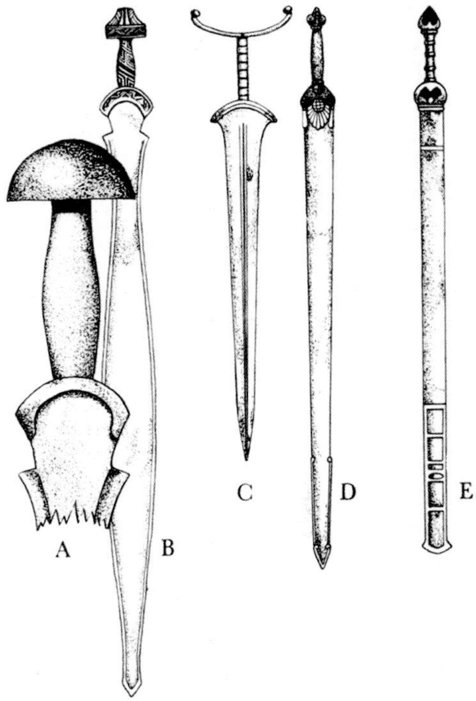

Keltische Schwerter und Hefte: (A) „Pilzartiger“ Knauf eines großen Hallstatt-Schwerts, (B) Knauf eines frühen Hallstatt-Schwerts in Form eines Sombreros, 108 cm lang, aus dem 8. Jh. v. Chr. (C) Spätes eisernes Hallstattschwert mit „Geweih“- oder „Antennen“-Heft, 72 cm lang, 7. Jh. v. Chr. (D) und (E) La-Tène-Eisenschwerter und -Scheiden, beide aus dem 5. oder 6. Jh. v. Chr., das eine 90 cm, das andere 88 cm lang.

„...Die Reiter der Vandalen kämpfen mit Lanze und Schwert. Sie haben wenig oder gar keine Rüstung und sind keine guten Infanteristen, Bogenschützen oder Speerwerfer. Ihre Armee war der der Ostgoten sehr ähnlich, allerdings verfügten die Goten über eine große Infanterie.“ (Sidonius Apollinaris 430 – 480 n. Chr.)

„...Einen Tag und eine Nacht dauernde Trinkgelage gelten in keinster Weise als schandhaft...Niemand in Germanien belustigt sich durch Laster oder findet es modern, zu verführen oder verführt zu werden...Wenn sie einer Sache zustimmen, so rasseln sie mit den Lanzen. Keine Art der Zustimmung kann größere Ehre bedeuten als durch Waffen ausgedrückte Lobpreisung...“

„...Auf dem Schlachtfeld ist es eine Schande für den Häuptling, von einem Krieger an Mut übertroffen zu werden, oder für einen Krieger, seinem Häuptling im Mut nachzustehen. Das Schlachtfeld zu verlassen, nachdem der Häuptling gefallen ist, bedeutet lebenslange Ehrlosigkeit und Schande. Ihn zu verteidigen und zu schützen, seine eigenen Heldentaten seinem Ansehen zu unterwerfen, das ist es, was sie unter

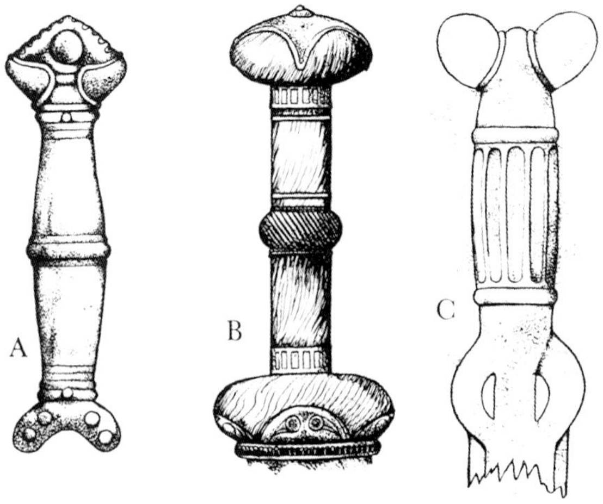

La-Tène-Schwerthefte: (A) Massive Gussbronze, aus Cumberland, England, (B) verzinnte Bronze-Beschläge auf Holz, aus Dorset, England, (C) von einem Basrelief aus Pergamon, Türkei.

Gefolgschaftstreue verstehen. Die Häuptlinge kämpfen für den Sieg und die Krieger für ihre Häuptlinge. Viele mutige Jünglinge suchen bewusst andere Stämme auf, die sich im Krieg befinden, wenn in ihrem Land seit langem Frieden herrscht. Die Germanen mögen keinen Frieden; Ruhm gewinnt man einfacher unter Gefahr und es ist unmöglich, eine große Zahl an Kriegern zu unterhalten, außer durch Gewalt und Krieg…“

„…Es ist schwieriger einen Germanen zu überzeugen, sein Land zu pflügen und geduldig auf die jährliche Ernte zu warten, als einen Feind herauszufordern und sich Wunden als Trophäen zu verdienen. Er hält es für mut- und kraftlos, durch Schweiß zu verdienen, was er durch Blut bekommen kann.“ (Tacitus, *Germania*)

Diese spannenden Einblicke in die Welt der nordeuropäischen Barbaren, aus der Sicht zivilisierter Südeuropäer, helfen uns dabei, den von den Archäologen ausgegrabenen Funden Leben einzuhauchen. Man sollte dabei jedoch bedenken, dass nicht alle persönlich germanische Krieger erlebt haben. Die meisten Römer bekamen die Germanen nur zu Gesicht, wenn Hilfstruppen in der Nähe ihres Wohnorts stationiert waren oder in ihrer Gegend auftauchten.

WAFFEN

Wirtschaftlich gesehen waren die germanischen Stämme Bauern, die hauptsächlich von der Tierzucht (Rinder, Schafe und Ziegen) und der Landwirtschaft lebten. Im Laufe der Zeit wurden aus vereinzelten Bauernhöfen Gruppen von Höfen, die sich schließlich zu Dörfern entwickelten. Die Fähigkeiten frühgermanischer Handwerker waren in vielerlei Hinsicht sehr begrenzt. Dies wurde besonders in der Bewaffnung früher Stammesangehöriger deutlich. Die Römer beurteilten die germanischen Völker in erster Linie als Krieger. Bis auf wenige Ausnahmen hatten römische Schriftsteller jedoch keinen persönlichen Kontakt mit ihnen, daher müssen ihre Beobachtungen mit Vorsicht betrachtet werden. Allerdings hat die Archäologie ausführliche Informationen zur germanischen Waffengeschichte geliefert. Wegen des verhältnismäßigen Mangels an eigenen Neuentwicklungen standen die Germanen, insbesondere im Westen, unter großem Einfluss der keltischen Hallstatt- und La-Tène-Zeit. Nach der römischen Eroberung Galliens spielten römische Waffen eine immer wichtigere Rolle in der Bewaffnung germanischer Kriegsbanden, bis schließlich in der späten Kaiserzeit dauerhaft Waffen nach Norden gelangten, z. B. durch illegale Waffengeschäfte, Plünderungen römischer Waffenlager und Armeen, sowie Ausrüstungen, die Germanen, die in der römischen Armee gedient hatten, mit nach Hause brachten. Die Geschichte der Bewaffnung der alten Germanen lässt sich, auf neuesten archäologischen Beweisen basierend, weitestgehend in die folgenden Phasen einteilen:

Keltisch: Hallstatt-Kultur: 7. Jh. v. Chr. Schwerter aus Bronze und Eisen, einheimische Eisenlanzen und -äxte. Weitreichende Verwendung keltischer Waffen: schwere Schwerter, Lanzenspitzen von bis zu 75 cm Länge.

Keltisch: Späthallstatt: frühes 5. Jh. v. Chr. Das kurze einschneidige Messer gewinnt gegenüber dem Schwert an Bedeutung. Gewöhnliche Krieger sind mit einer Lanze und einer Art Schild ausgerüstet. Es werden mit einem Wurfriemen ausgestatte Speere verwendet, die Axt ist vor allem in ostgermanischen Gebieten verbreitet.

Keltisch: erste La-Tène-Kultur: spätes 5. Jh. v. Chr. Zu Beginn der keltischen La-Tène-Kultur besitzen die Germanen nur sehr wenige Schwerter. Es scheint, als sei das Langschwert in weiten Teilen Germaniens unbekannt. Gewöhnliche Krieger sind mit unterschiedlichen Lanzen, Schilden und Dolchen ausgerüstet. Lanzenspitzen haben eine Länge von 12 cm bis 26 cm.

Keltisch: La-Tène-Zeit: 3. bis 2. Jh. v. Chr. Keine offensichtliche Veränderung der Bewaffnung. Bei Hjortspring wurde ein langes, vom Torf konserviertes Holzboot entdeckt. Dabei handelt es sich um eine Votivgabe aus dem 3. Jh. v. Chr. Zusammen mit dem Boot wurden 138 Eisen- und 31 Knochenspeere, 150 Schilde und sechs Schwerter gefunden. Die Schilde weisen allesamt keltische Züge auf: eine lange ovale Art von 88 cm x 50 cm und die weiter verbreitete rechteckige Art von 66 cm x 30 cm. Gegen Ende dieser Zeit scheinen sich zahlreiche Veränderungen auf die germanischen Kriegsbanden ausgewirkt zu haben. Es wurde der Sax, eine einschneidige Waffe von unterschiedlicher Länge und unbekannten Ursprungs, eingeführt. Einige Krieger waren mit La-Tène-Schwertern ausgerüstet, dabei könnte es sich um spezialisierte Schwertkämpfer gehandelt haben. Diese Männer waren in ostgermanischen Gebieten weniger verbreitet. Die Verwendung von keltischen Lanzen, Wurfspeeren und Schilden ist immer noch verbreitet, wobei letztere mit einem Eisenbuckel ausgestattet sind. Alle Waffen sind leicht und gehen sparsam mit Eisen um, was auf eine eisenarme Gesellschaft hindeutet.

Römische Periode: 1. Jh. n. Chr. Der Anteil der Schwertkämpfer unter den Kriegern dieser Zeit liegt etwa bei einem Neuntel. Es gibt keine Belege für Rüstungen oder Helme, außer bei sehr wenigen Häuptlingen. Die Schilde sind rund, recht- oder sechseckig, gewölbt und mit einem nach außen gewölbten Buckel und einer Eisen- oder Bronzekante versehen. Die Kavallerie verwendete kleine runde oder ovale Schilde.

Römische Periode: 2. Jh. n. Chr. Römische und germanische Ausrüstung beginnen in einigen Gebieten zusammen aufzutauchen. Gepanzerte Bekleidung und römische Gladius-Schwerter mit Ringknauf und eine zunehmende Verwendung von Äxten, insbesondere Wurfäxten.

Römische Periode: 3. Jh. n. Chr. Römische Waffen finden weiterhin ihren Weg in den Norden, insbesondere in die nördlicheren Gebiete. Wahrscheinlich ist nun jeder vierte Krieger ein Schwertkämpfer. Römische Spatha-Schwerter sowie andere römische Arten finden zunehmend den Weg in germanische Hände. In den Mooren bei Ejsbol Nord wurden 160 Schilde, 191 Speere, 203 Wurfspeere mit Widerhaken, 60 Schwerter, 60 Gürtel und 62 Messer gefunden. Römische Paradehelme der Kavallerie wurden in einigen Fällen, vermutlich als Rangmarkierung, verwendet.

Römische Periode: 4. Jh. n. Chr. Schilde scheinen zu dieser Zeit kaum getragen zu werden. Die gefundenen Exemplare tragen die römischen gewölbten Buckel. Die germanische genagelte Art ist offensichtlich außer Mode geraten. Wegen der unter den nördlichen Barbaren weit verbreiteten Leichenverbrennungen liefern die entdeckten, zum Teil sehr großen Friedhöfe außer für Töpfereiinteressierte nur wenige Informationen. Fränkische Kriegergräber in Nordgallien und dem Rheinland aus der Mitte des 4. bis zum 5. Jh. n. Chr. sind mit Lanzen, Wurfäxten und gelegentlich mit Schwertern ausgestattet. Wahrscheinlich handelte es sich dabei um mit den Römern verbündete Soldaten. Ein reich ausgestattetes, auf einem spätrömischen Friedhof gefundenes Grab eines germanischen Offiziers enthielt ein Schwert, einen Gürtel, einen ovalen Silberschild und einen ursprünglich mit rot-blauem

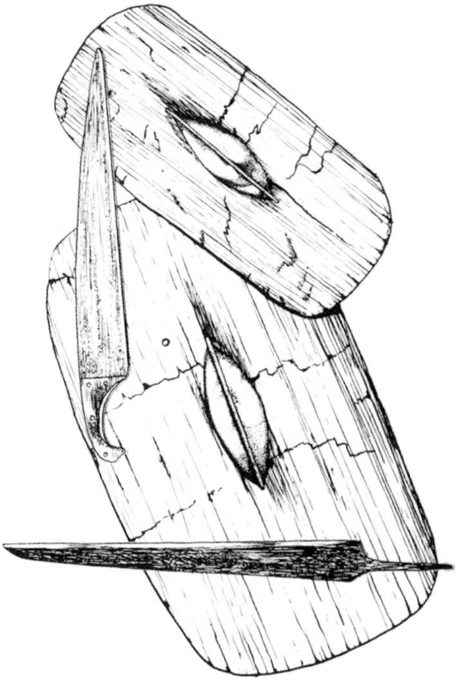

Hölzerne Schilde aus Hjortspring, die „Gerstenkorn"-Buckel sind ebenfalls aus Holz. Diese Schilde aus dem 1. Jh. v. Chr. messen 88 cm x 50 cm und 66 cm x 30 cm. Daneben zwei germanische eiserne Saxmesser, beide circa 46 cm lang.

Leder bezogenen Schild, sowie einen mit Goldfolie geschmückten Schild, dessen Buckel mit vergoldetem Silber ummantelt ist. Außerdem wurden in dem Grab eine Wurfaxt, zehn Speere und eine größere Lanze gefunden. Andere Gräber in Belgien enthalten Gürtelbeschläge und -Schnallen, Speere und Wurfäxte.

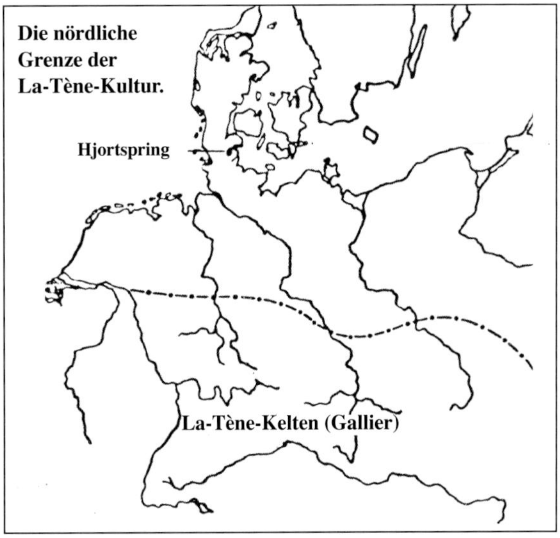

Die nördliche Grenze der La-Tène-Kultur.

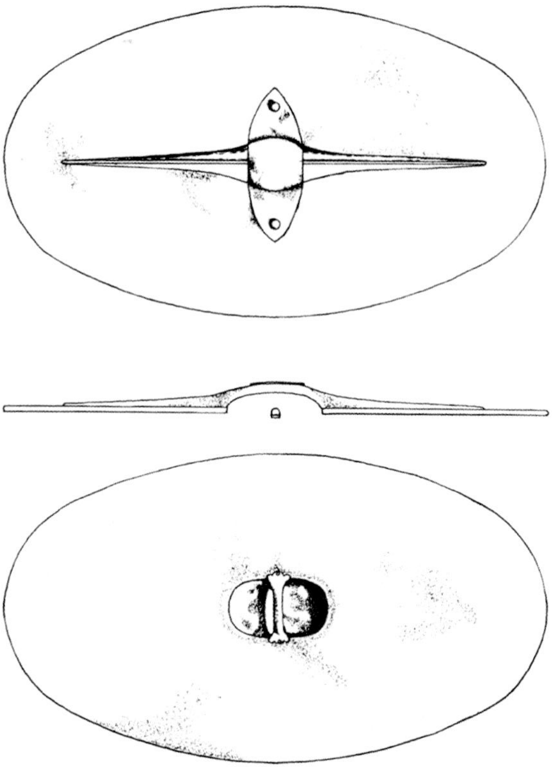

Schaubild eines ovalen keltischen Schildes aus Eichenbrettern, auf der Vorderseite mit Leder und auf der Rückseite mit Filz bespannt. Wahrscheinlich war es bemalt. Es ist etwa 1,1 m lang, in der Mitte 1,2 cm dick und wird zum Rand hin dünner. Der Rücken ist ausgehöhlt, um die Hand des Kriegers aufzunehmen, wenn er den Griff fasst (der normalerweise, wie der Buckel selbst, mit einem Eisenriemen verstärkt ist).

(Von oben nach unten) Ein angelsächsischer *sax*, 6. Jh. n. Chr., ein fränkischer *sax*, aus der gleichen Zeit, ein etwa 50 cm langer verrosteter Eisen *sax* aus Chadlington, Oxfordshire.

Bögen

Bei Nydam im Gebiet der Angeln wurden gut gemachte Langbögen gefunden. Sie sind etwa zwei Meter lang, aus Eibenholz, die Enden mit Eisen- oder Geweihhülsen versehen und die Griffe mit dünnen Fäden umbunden. Die dazugehörigen Pfeile waren etwa 68 bis 85 cm lang.

Die germanischen Bögen zwischen 100 n. Chr. und 350 n. Chr. wurden aus Eiben- und Tannenholz hergestellt. Sie waren eindeutig Langbögen in der Form eines „D". Wahrscheinlich waren es, wie die späteren englischen Langbögen, Kompositbögen: der Rücken aus Splintholz, das der Dehnung standhält, und Kernholz für die Bauch- oder Innenseite des Bogens, da es sich zusammendrücken lässt. Bei Vimose, Kragehul und Nydam gefundene Bögen messen zwischen 168 und 198 cm. Obwohl er kaum von germanischen Gruppen auf den Britischen Inseln und noch weniger in Gallien verwendet wurde, wussten andere Germanen die Vorteile des Bogens zu nutzen.

Wie oben erwähnt verwendeten die Alemannen sowohl Bögen aus einem Stück als auch Langbögen. Echte Langbögen wurden in nordischen Mooren gefunden. Diese aus dem 2. bis 4. Jh. n. Chr. stammenden Waffen wurden wahrscheinlich von den Germanen selbst entwickelt. Einige gefundene Pfeile scheinen speziell dem Durchdringen von Rüstungen gedient zu haben.

Die westgotische Armee bestand, wie an anderer Stelle erwähnt, zu einem großen Teil aus Bogenschützen und Lanzenträgern. Die Kavallerie setzte sich aus den Häuptlingen und deren Begleitern zusammen.

Auch in den ostgotischen Armeen waren Bogenschützen ein wichtiger Bestandteil. Wie andere germanische Bogenschützen haben die Ostgoten eventuell zu einem sehr kleinen Teil Kompositbögen verwendet, die überwältigende

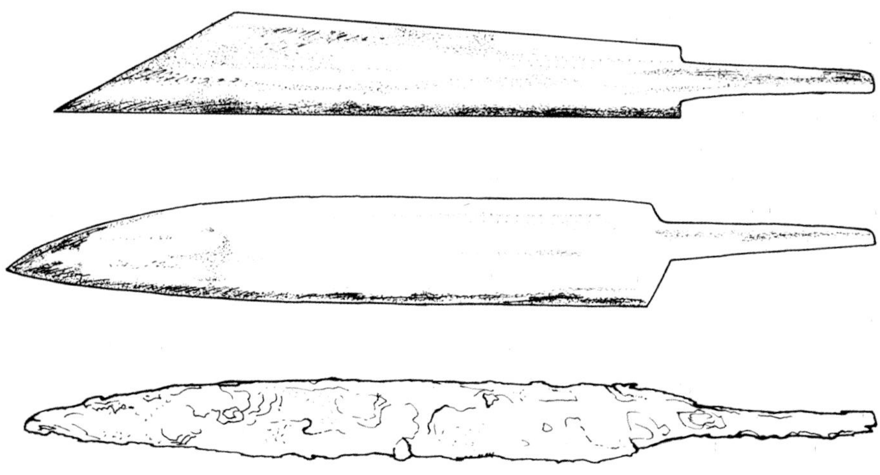

Mehrheit jedoch waren Bögen aus einem Stück oder zusammengesetzte Bögen. (Ihre Kavallerie war mit von den Sarmaten übernommenen Lanzen und Schwertern bewaffnet. Ostgotische Adelige besaßen schwere, aufwändig mit Gold und Almandin verzierte Schwerter.) Die in Vimose, Kragehul und Nydam gefundenen Langbögen wurden bereits erwähnt. Der Bogen, der von allen Steppennomaden, einschließlich den Sarmaten und den Hunnen, verwendet wurde, war der durchschlagkräftige Kompositbogen. Er besteht aus mehrschichtigem Material unterschiedlicher Art, wie z.B. Holz, Sehne und Horn. Ein ungespannter Bogen hat die Form des Buchstaben „C", wobei die Enden ein Kreuz bilden können. Zum Spannen wird er gegen die natürliche Krümmung zurückgebogen und durch die Sehne in dieser Position gehalten.

Frühe Schwerter

Die frühkeltischen Eisenschwerter folgen dem Muster der vorherigen Bronzevorbilder, die noch lange Zeit nach der Einführung des Eisens verwendet wurden. Die ersten Schwerter, die in Europa hergestellt wurden, waren lange Schlagwaffen. Die meisten Experten sind der Ansicht, dass sie in erster Linie unter Streitwagen-Kriegern Verwendung fanden. Einige Waffen aus der Hallstatt-Zeit sind so lang, dass Zweifel bestehen, ob sie tatsächlich dem Kampf dienten. Die Hefte sind im Allgemeinen sehr charakteristisch, mit einem Knauf, der an einen mexikanischen Sombrero erinnert. Einige Exemplare sind aus Horn oder Elfenbein, mit Gold- und Bernsteinverzierungen, zum Teil haben sie ein pilzähnliches Profil.

Die etwa 600 v. Chr. auftauchenden Schwerter der späten Hallstatt-Zeit wurden nach griechischen oder etruskischen Vorbildern angefertigt. Einige könnten tatsächliche Importe aus dem Süden sein. Sie waren kürzer als die großen Schwerter aus der mittleren Hallstatt-Zeit und waren sowohl zum Schlagen als auch zum Stechen gedacht, wozu sie eine Spitze hatten. Ihre Griffe folgen hauptsächlich zwei Mustern: „antennenförmig" und „anthropomorph". Der erste folgt den Beispielen aus der Bronzezeit, der zweite hatte die Form eines Menschen mit ausgestreckten Armen und Beinen. Die Klingen dieser Waffen waren aus geschmiedetem Eisen, das auf verschiedene Weise durch die Zugabe von Kohle gehärtet wurde, wodurch ein aufgekohltes Eisen mittelmäßiger Qualität entstand. Bis auf einige erwähnenswerte Ausnahmen wurden die meisten keltischen Schwerter auf diese Art hergestellt.

Frühe La-Tène-Schwerter tauchten etwa um 450 v. Chr. erstmals auf. Sie haben etwa 55 bis 65 cm lange spitze Klingen, ein bekanntes Exemplar kam sogar auf 80 cm. Die Schwerter aus der Haupt-La-Tène-Zeit stammen aus den Jahren von 250 v. Chr. bis 120 v. Chr. Sie messen etwa 75 bis 80 cm und haben rundere Spitzen. Die Schwerter aus der späten La-Tène-Zeit (120 v. Chr. bis zur Niederlage der gallischen Stämme gegen Rom) waren mit 60– 90 cm länger als ihre Vorgänger und hatten bis auf wenige Ausnahmen, die gespitzt waren, abgerundete Spitzen.

Damaszierte Klingen

Im frühen ersten Jahrhundert nach Christus erfanden europäische Schwertschmiede ein neues Verfahren: die Damaszierung. Es war zwar kompliziert, aber nicht so langwierig wie viele frühere Methoden. Der mittlere Teil der Klinge wurde angefertigt, indem man hochwertige aufgekohlte Eisenplatten schmiedete, sie in Paaren zusammenfaltete, nebeneinanderlegte, schweißte und schließlich weitere Streifen aufgekohltes Eisen an den Seiten anfügte und sie durch Schweißen zur Schneide formte. In dieser Phase war die Klinge eine lange, flache, rechteckige Stange, die durch Schleifen und Feilen in die gewünschte Form gebracht werden musste. Anschließend wurde sie poliert und mit einer Säure wie Tannin, Urin, saurem Bier oder Essig geätzt. Beim Polieren des Mittelteils und der Hohlkehle entstand ein Muster in der Form eines Schlangenrückens als Folge der vor-

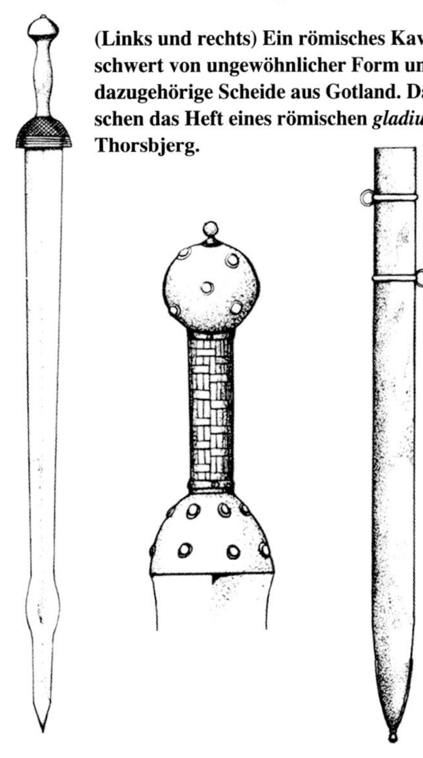

(Links und rechts) Ein römisches Kavallerieschwert von ungewöhnlicher Form und die dazugehörige Scheide aus Gotland. Dazwischen das Heft eines römischen *gladius* aus Thorsbjerg.

Römisches Kavallerieschwert, Gesamtlänge 102 cm; darunter ein römisches *gladius* mit dem späten „Ringknauf", Gesamtlänge 60 cm. Beide stammen etwa aus dem 2. Jh. n. Chr. und wurden bei Vimose in Dänemark gefunden.

her vorgenommenen Drehung. Je nach der in dieser Verbindungs- und Drehungsphase verwendeten Methode waren viele verschiedene Muster möglich.

Schwertringe und „Lebenssteine"

Am Knauf einiger dieser Schwerter wurden Ringe, die häufig verziert wurden, eingearbeitet. Man geht davon aus, dass es sich dabei um besondere Geschenke eines dankbaren Häuptlings handelte. Manche Scheiden sind mit großen Perlen, entweder aus Ton, Glas, Meerschaum, Quarz oder, seltener, Gold mit Steinen besetzt, und gelegentlich mit Gold oder Silber versehen. Sie waren Amulette, die Glück bringen sollten und denen Zauberkräfte der Art zugeschrieben wurden, dass sie Wunden, die von dem Schwert, zu dem sie gehörten, stammten, heilen konnten.

Schwerter aus der heroischen Zeit

„Als der Feind zwei Lager und eine gewaltige Beute in Besitz genommen hatte, zerstörte er unter fremdartigen Flüchen alles, was ihm in die Hände fiel. Die Kleidung wurde zerrissen und weggeworfen, Gold und Silber in den Fluss geworfen, die Kettenpanzer der Männer in Stücke geschlagen, die Ausrüstungen der Pferde zerstört, die Pferde selbst ins Wasser geworfen und die Männer mit Stricken um den Hals an den Bäumen aufgehängt, so dass es für die Sieger nicht mehr Beutegut gab als Gnade für die Besiegten." Dieser Auszug aus einer um das Jahr 100 v. Chr. von dem römischen Historiker Osorius geschriebenen Geschichte handelt von der keltischen Invasion durch die Kimbern und Teutonen. Er hebt die religiöse Verpflichtung der Kelten und Germanen hervor, die Besitztümer getöteter Feinde zu opfern, wodurch wir heute neben den gefundenen Grabbeigaben auch auf unbezahlbare Schätze aus den Mooren zurückgreifen können. Schwerter dieser Zeit wurden in Gräbern, aber vor allem in Mooren gefunden.

Auch römische Schwerter, sowohl das kurze Gladius- als auch das lange Spatha-Schwert der Kavallerie sind unter den Moor-Fundstücken. Bei Thorsbjerg in Südjütland wurde ein interessantes Heft, das zu einem römischen Gladius gehörte, gefunden. Es ähnelt einem Exemplar aus dem Britischen Museum und einem anderen bei Pompeij gefundenen. Das Bronzeheft hat wenige Buckel an Parierstange und Knauf und der Griff ist mit feinem Bronzedraht umflochten. Ein anderes vollständiges Exemplar mit Scheide wurde auf Gotland gefunden. Es hat eine Verdickung auf beiden Seiten der Klinge direkt über der Spitze. Auf das 2. Jh. n. Chr. datierte Gladii haben einen Knauf in Form eines großen Rings. Mehrere rö-

(Oben) Ein langes, schweres gotisches Kavallerieschwert aus Tamin in Südrussland, 5. Jh. n. Chr., teilweise in dieser Zeichnung restauriert. (Unten) Ein aus dem Moor von Kragehul in Dänemark geborgenes Schwert. Seine Scheidenbefestigung und sein Heft sind aus Bronze; es stammt aus dem 5. Jh. n. Chr. *(nicht maßstabsgetreu.)*

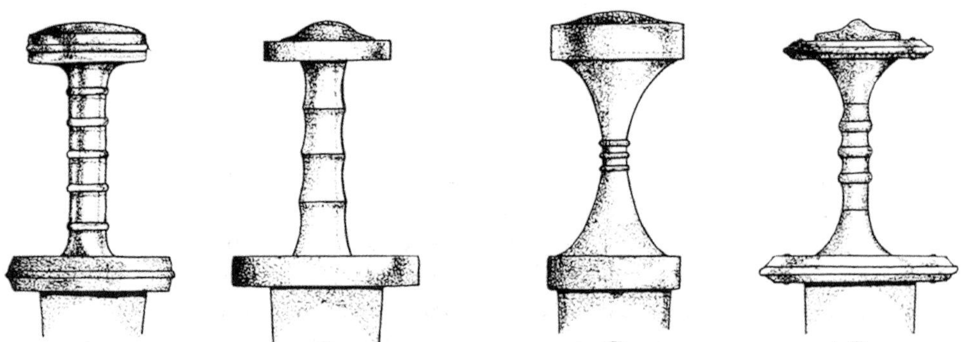

Schwerthefte aus der Zeit der Völkerwanderung: (A) Circa 150 n. Chr. (B) Circa 400 n. Chr. (C) Circa 350 n. Chr., nördliches Muster (D) Circa 500 n. Chr.

mische Kavallerieschwerter sind in Mooren aufgetaucht.

Neben den römischen Schwertern wurden auch einheimische Schwerter in Thorsbjerg gefunden. Alle sind zweischneidig und haben mit Bronze und Silber bedeckte hölzerne Griffe. Die hölzernen Scheiden waren mit Metall besetzt. Ferner wurden eine dicke Schwertkoppel, Bronze- und Eisen-Gürtelschnallen, sowie Bögen, Pfeile und Schilde gefunden. Die letztgenannten waren rund und flach von 54 bis 108 cm Durchmesser, mit zumeist bronzenen, in einigen wenigen Fällen eisernen Griffen und Befestigungen. In dieser Lagerstätte gefundene Äxte waren an 59 bis 85 cm langen Stielen befestigt; die Schäfte der Lanzen waren 81 cm, 250 cm, 273 cm und 295 cm lang. Zusammen mit Schmuck, Werkzeugen, Bernsteinwürfeln, Schalen, Löffeln, Krügen und Messern wurde Pferdegeschirr, sowohl zum Reiten als auch Kutschgeschirr, gefunden. Die Kleidungsstücke umfassten Kettenpanzer, vergoldete kreisförmige Brustpanzer aus Bronze und einen mit Silber überzogenen umgebauten Paradehelm der römischen Kavallerie. Außerdem wurden römische Münzen, unter anderem von Septimius Severus aus dem Jahr 194 n. Chr., ausgegraben.

Bei Vimose in Dänemark wurden 67 Schwerter gefunden, die meisten von ihnen zweischneidig, einige jedoch waren einschneidige Saxen. Von 1.000 Lanzen waren fünf an Schäften von 198 cm, 264 cm, 280 cm und 302 cm Länge befestigt. Einige waren mit Intarsien aus Gold, Silber oder Bronze verziert. Außerdem wurden neben einem vollständigen 92 cm langen Kettenpanzerhemd zum Teil vergoldete Kettenpanzer sowie Schwertscheiden, 150 Messer, Schnallen, Spangen, Knöpfe, Pferdegeschirr, Sensenklingen, Schlüssel, Scheren, Nadeln, Nägel, ein Mühlstein, ein Amboss, Hämmer, Meißel, Feilen, Zangen, Kämme, Broschen, Perlen und vier Bernsteinwürfel geborgen. Dieser Fund stammt aus dem späten 4. Jh. n. Chr.

Bei Kragehul, ebenfalls in Dänemark, wurden vier damaszierte Schwerter mit zu einem runden Zaun aufgestellten Lanzen aus dem 4. und 5. Jh. n. Chr. gefunden. Die Opferung von vier Schiffen bei Nydam ist von großer Bedeutung. Es wurden zwei Boote, die nicht mehr rekonstruiert werden konnten, sowie zwei größere und wesentlich besser erhaltene Schiffe ausgegraben. Unter den dazugehörigen Funden waren 106 doppelschneidige Schwerter, von denen 93 damasziert waren, silberne Schwertschneiden sowie Hefte aus Knochen und Gussbronze, 552 zum Teil mit goldenen Intarsien versehene Speere und Pfeile. Alle Funde stammen aus den Jahren 200 n. Chr. bis 350 n. Chr.

Die meisten germanischen Schwerter fallen unter eine der Einordnungen, die der schwedische Experte Elis Behmer ausgearbeitet hat. Die Hefte von vier häufig in der behandelten Zeitspanne auftretenden Arten sind abgebildet.

Dakische Waffen und Rüstungen

Die auf dem Forum Romanum errichtete Säule, die im Jahr 113 n. Chr. dem Kaiser Trajan gewidmet wurde, stellt auf einem gewundenen Reliefband die Zeit und die wichtigsten Ereignisse seiner Eroberung Dakiens dar. Der quadratische Sockel am Fuße der Säule zeigte eine Vielzahl an Beispielen von Waffen und Rüstungen. Das Monument, das aus zwei Teilen besteht, kann am besten in England im Victoria and Albert Museum, das über ausgezeichnete maßstabsgetreue Gipsabdrücke verfügt, bewundert werden. Sie wurden im 19. Jh. angefertigt und geben die Reliefs besser wieder als das stärker zersetzte Original in Rom. Stellt man dem Original die mit Meißelungen verzierten Seiten des Gipsabdrucks gegenüber, so wird deutlich, dass die Darstellungen von Kleidung und Waffen verschwunden sind. Der Sockel enthält Berichte, während die Säule graphische Darstellungen der großen Menge

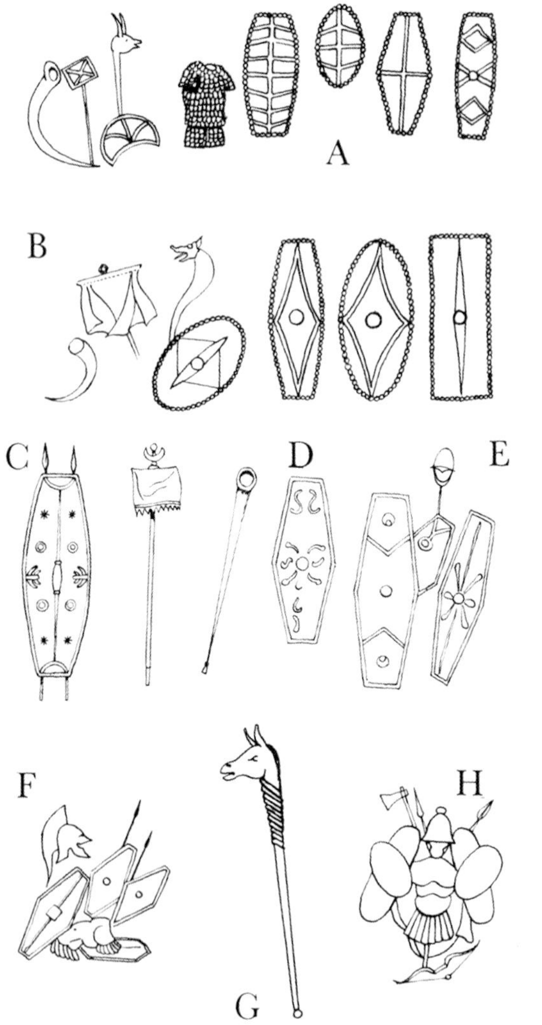

Eine Auswahl barbarischer Waffen, Rüstungen und anderer Trophäen von römischen Münzrückseiten. Diese Münzen, die vereinfacht Beutegut aus siegreichen Feldzügen darstellen, erlauben vorsichtige Schlüsse zu ziehen, indem man das bekannte Datum der Münze mit den bekannten zeitgenössischen Feldzügen vergleicht: wahrscheinliche Übereinstimmungen in Klammern.
(A) Von einem Sesterz Mark Aurels aus dem Jahr 180 n. Chr.: Horn, Tafel, Trompete mit Ungeheuerkopf, *pelta*-Schild, Brust- und Rückenpanzer und rechteckige, kleine ovale, sechseckige und schmale Schilde mit abgerundeter Seite. (Sarmaten, Quaden und Markomannen)
(B) Von einem *aureus* Mark Aurels aus dem Jahr 180 n. Chr.: Horn, Vexillum, große Trompete/Standarte mit Ungeheuerkopf und schmale ovale, abgerundete rechteckige, ovale und rechteckige Schilde. (Quaden und Markomannen)
(C) Von einer Münze Domitians aus dem Jahr 90 n. Chr.: ein langer keltischer Schild mit zwei Speeren, ein Vexillum und eine Trompete. (Quaden)
(D) Von einer Münze Domitians aus dem Jahr 90 n. Chr.: ein sechseckiger Schild. (Quaden oder Markomannen)
(E) Von einer Münze Domitians, unbekanntes Datum: drei sechseckige Schilde und ein Helm, (Quaden, Markomannen)
(F) Von einer Münze des Titus aus dem Jahr 81. n. Chr.: germanische Schilde, drei sechseckig und einer achteckig; ein Helm der alten romano-etruskischen Art, ein Kürass und zwei Speere. (Hermanduren und Markomannen)
(G) Von einem Sesterz von T. Decius aus dem Jahr 250 n. Chr.: eine Pferdekopfstandarte. (Goten)
(H) Von einem *solidus* des Crispus aus dem Jahr 319 n. Chr.: eine Waffentrophäe, die einen Kürass und einen konischen Helm beinhaltet, wahrscheinliche beide römisch, zwei abgerundete rechteckige Schilde, zwei kleinere ovale Schilde, eine Streitaxt, zwei Speere, ein Umhang und zwei Kompositbögen mit Sehne und Ring. (Alemannen)

an Ausrüstung zeigt, die die römischen Streitkräfte von ihren Feinden in Dakien eroberten, wobei die echten Beutestücke als Vorlage dienten. Ursprünglich war das Basrelief naturgetreu bemalt und zeigte auch Einzelheiten der Metallwaffen und -rüstungen. Die Farben wurden regelmäßig erneuert, solange das Römische Reich existierte.

Die große Menge an beeindruckenden Trophäen wirft die Frage auf, welche Ausrüstung zu welchem von dem Feldzug betroffenen Barbarenvolk gehört. Vielleicht ist es treffender zu fragen, ob die Meißelungen nicht in Wirklichkeit die Waffen eines einzigen Volkes, der begabten und stolzen Geto-Daker, darstellten, die Trajan in einem wohl überlegten Feldzug zur Ausdehnung des Römischen Reichs nach Mitteleuropa vernichtet hatte. Das antike Dakien umfasste im 2. Jh. Siebenbürgen, das Banat und die Walachei. Die eigentlichen Daker waren ein Volk thrakischer Herkunft. Die nordwestlichen und nordöstlichen Gebiete Dakiens standen unter starkem germanischem, keltischem und iranischem Einfluss. Kulturelle Elemente hellenischer, skythischer, keltischer und römischer Herkunft verschmolzen zu einer vielseitigen Mischung.

Schilde

Unter den auf den Reliefs dargestellten Gegenständen dominieren die großen, prächtig dekorierten, ovalen Schilde. Sie sind die einzige abgebildete Art und entsprechen sich alle in Form und Verzierungsstil. Eine Ausnahme sind Exemplare mit Schuppenmuster. Ein weiteres Beispiel für eine ungewöhnliche dakische Ausprägung ist auf einem anderen trajanischen Relief, das am Konstantinsbogen angebracht wurde, zu sehen, und zwar in Form eines von einem Mann in dakischer Kleidung getragenen ovalen Schilds. Es stellt vier sternförmig von dem Buckel ausgehende Trompeten in Form von Ungeheuerköpfen und zwei keltische Halsringe (Torques) aus

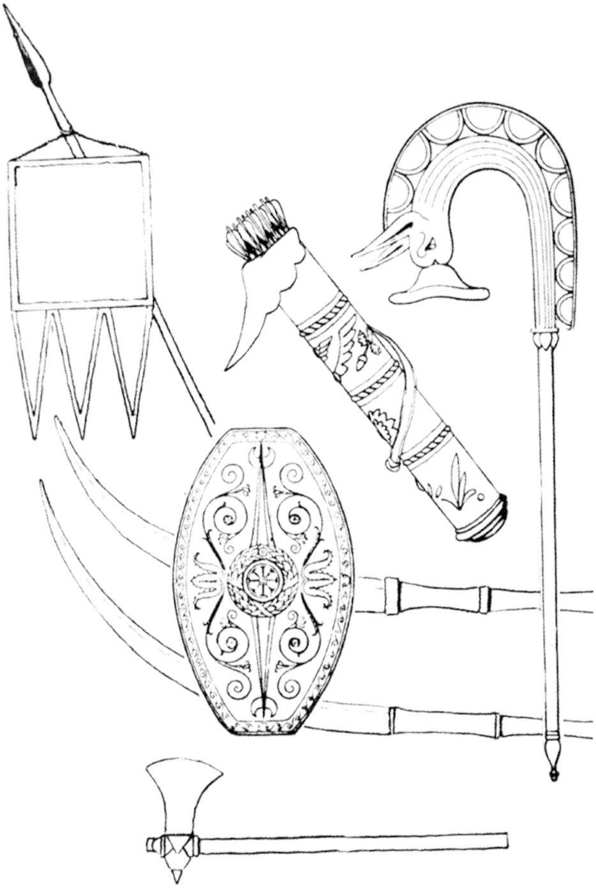

gedrehtem Metall dar, die zusammen mit den Trompeten in Form von Ungeheuern, die auf dem gesamten Sockel in Gruppen auftreten, den keltischen Einfluss deutlich machen.

Bis auf diese Ausnahmen sind die dakischen Schilde, die in den Meißelungen zu sehen sind, reich mit blumenartigen, geometrischen und Sternmustern verziert, ebenso wie die als Pelta bekannten antiken thrakischen Schilde (sie sind sowohl normal als auch perspektivisch dargestellt). Die Schilde sind sehr groß und, diesen Eindruck erwecken jedenfalls die Meißelungen, flach, wobei die Muster im Relief erscheinen, was die regelmäßige Bemalung vereinfachte. Die verzierten Schildbuckel sind halbkugelförmig und mit runden ausgeschmückten Buckelblechen versehen. Das thrakische halbmondförmige Motiv, das immer wieder auf diesen Schilden verwendet wurde, legt die Vermutung nahe, dass sie dakischer oder geto-dakischer Herkunft sind.

Helme

Die Helme auf den Reliefs fallen unter zwei Kategorien: die eine mit eleganter, gerundeter, kegelförmiger Schale und die andere, die oben nach vorne gebogen in die typische phrygische Spitze zuläuft. Beide sind prächtig im gleichen Stil dekoriert wie die Schilde auf dem Sockel der Säule. Aufgrund der Verzierungen an einem der festen Kämme dieser Helme

Dakische Waffen und Standarten von verschiedenen römischen Basreliefs: nicht maßstabsgetreu. Ein gefranstes Banner an einem Speer, zwei Kampfsicheln (*falces*), ein Köcher, ein Schild und eine Streitaxt, sowie eine Carnyx-Standarte mit Eisenring.

Helme aus Dakien und Asien. (A) – (E): Phrygischer Typ vom Sockel der Trajanssäule. (F) und (G): Phrygische Helme. (H) Sarmatischer Helm von der Trajanssäule. (I) und (J): Gewölbte Helme vom Sockel der Trajanssäule. *(Nicht maßstabsgetreu.)*

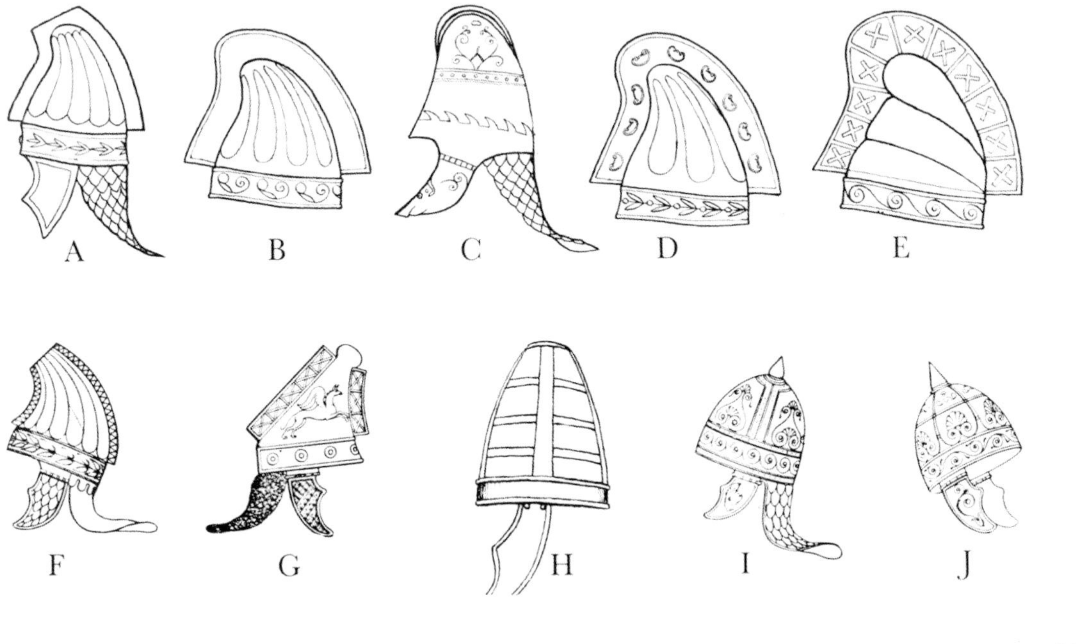

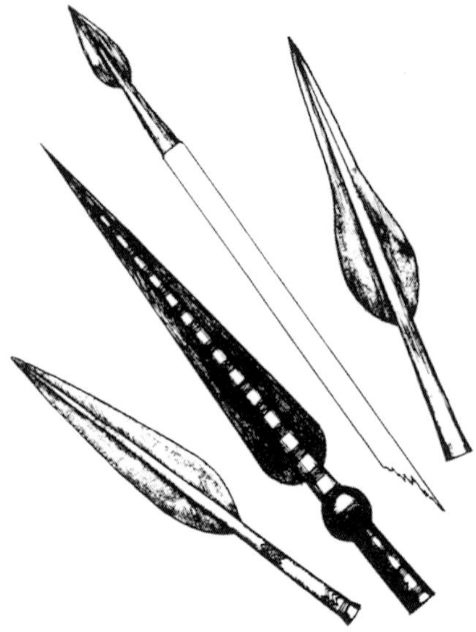

Germanische Eisenspeerspitzen, 4. bis 6. Jh. n. Chr.

und der großen allgemeinen Ähnlichkeit mit verschiedenen Mustern der Helme, die von den antiken Phrygiern getragen und auf Kunstwerken abgebildet worden sind, sowie der offensichtlichen Verbindung zwischen ihnen, vermute ich, dass die phrygischen Helme eine den Dakern eigene Art sind. Wie oben erwähnt waren die Daker ein thrakisches Volk, genau wie die Phrygier und diejenigen Thraker, die während der gesamten Antike nördlich von Griechenland lebten. Die von der thrakischen Infanterie verwendeten halbmondförmigen Schilde, die häufig in der griechischen Kunst dargestellten

Helme von den Grabschnitzereien des A. Julius Pompilius, 175 n. Chr., zur Zeit der Markomannenkriege. (A) Römischer Kriegshelm (B) beschädigte Schnitzerei eines römischen Paradehelms (C) interessanter Helm unbestimmter Art. Diese Schnitzereien sollen die von den Feinden während dieses Feldzuges getragenen Helme darstellen.

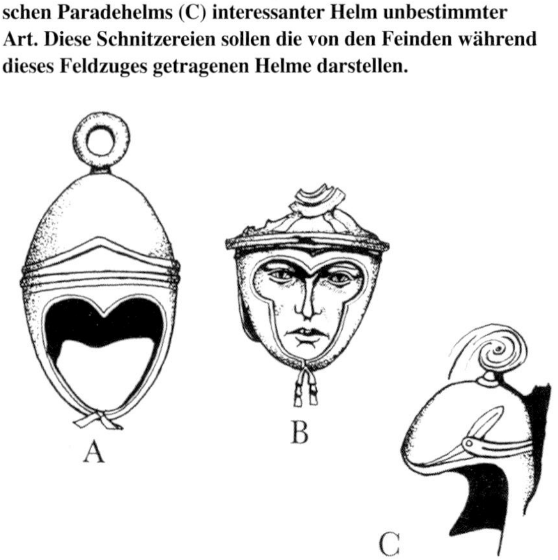

Pelta, sind auf den Kämmen der Phrygischen Helme wie auch auf den Sockelreliefs durchgehend zu finden. Dieses Motiv wurde wiederholt auf den großen ovalen Schilden verwendet. Es wäre sehr einfach, in den flacheren, gewölbten Helmen skythisch-sarmatische Exemplare zu sehen, jedoch ähneln sie ihnen nur insofern, als dass sie kegelförmig sind. Die von gepanzerten iranischen Reitern getragenen Helme auf der Säule und anderen römischen Reliefs werden bei der Herstellung zusammengesetzt. Die gestreifte florale Verzierung der auf dem Sockel abgebildeten nicht-phrygischen Helme ist auch an den phrygischen Helmen zu finden. Daher ist es wahrscheinlich, dass diese Helme eine neuere Art dakischer Helme darstellen.

Brustharnische

Es gab drei verschiedene Arten: Kettenpanzer, Schuppenpanzer und Verbundrüstung. Bis auf den Brust- und Rückenpanzer der Verbundrüstung, die vermutlich nicht europäisch ist, geben die Beispiele keine Hinweise auf ihre Herkunft oder darüber, von wem sie erbeutet worden sind.

Dakische Bekleidung

Die Kleidung ist einfach anhand der Kittel und Umhänge zu bestimmen, die auf der Säule und unter den Trophäen auf dem Sockel abgebildet sind. Die auf der Säule dargestellten Daker tragen weder Brustharnische noch Helme. Das Fehlen von Körperschutz, außer dem Schild, muss ein Merkmal der meisten Geto-Daker gewesen sein, jedoch nicht des gesamten Volkes, obwohl gewöhnlich alle ohne Rüstung abgebildet werden. Schwerter sind in großer Zahl auf dem Relief zu finden. Eines aus der späten keltischen La-Tène-Zeit hängt an dem Gürtel eines Schuppenpanzers. Andere Langschwerter mit flacheren Spatha-Parierstangen und -Heften haben metallüberzogene, an der Scheide befestigte Gürtel.

Die metallene Dracostandarte in Form eines Drachenkopfes mit offenem Maul, die auf einer rohrförmigen glänzenden Lanze angebracht ist, wurde von verschiedenen antiken Völkern, einschließlich der Daker, Iraner und Germanen, verwendet. Die auf dem Sockel gezeigten Standarten könnten zu jeder dieser Gruppen gehören. Bei den *vexilla* (Bannern), die auf den Zierstreifen der Säule und dem Sockel zu sehen sind, könnte es sich um zurückeroberte römische *signa* handeln, oder aber sie entstammen einer der genannten Barbarengruppen. Ein an einer Lanze befestigtes Exemplar sieht mit seinen drei langen „Zotteln" an der Unterkante sehr unrömisch aus.

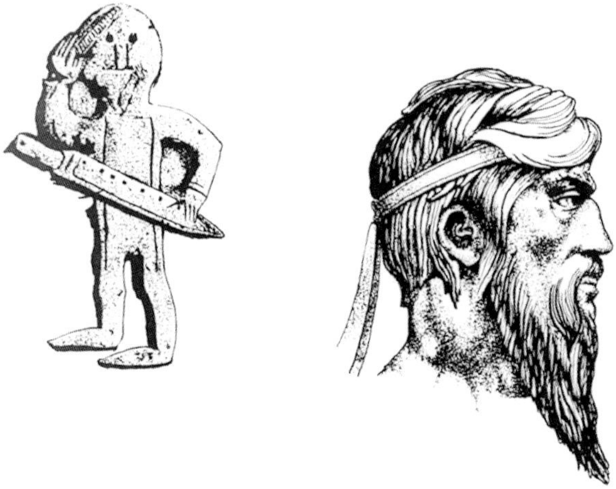

(links) Auf einem Grabstein aus Dollendorf bei Bonn ist dieser germanische Krieger abgebildet (wahrscheinlich ein Franke). Er kämmt sein Haar, und sein Schwert ist deutlich zu sehen. Beides galt als Männlichkeitssymbol und wurde mit Stolz gezeigt. (Rechts) Fein geschnitztes Profil eines germanischen Häuptlings vom Grab des A. Julius Pompilius, heute im Nationalmuseum in Terme.

Spätrömische Gürtelbeschläge. (Oben) Dieses Beispiel für zusätzlich angebrachten Riemen und Verstärkungen stammt aus einem Grab bei Dorchester, England. Wahrscheinlich eine Standardausführung bis zur Zeit des späten Römischen Reichs; sie werden meistens mit germanischen Hilfstruppen in der Römischen Armee in Verbindung gebracht. (Unten) Ein rekonstruierter Gürtel mit angebrachten Riemen, Verstärkungen und Laschen, aus dem Grab eines germanischen Kriegers in Rhenan, Niederlande.

Waffen

Die Lanzen und Speere sind Standardmodelle und geben keine Hinweise auf ihre Herkunft. Es sind charakteristische Streitäxte ebenso wie die schrecklichen *Falxe*, vertreten. Es wird angenommen, dass diese Waffen skythischen Ursprungs in den frühen Auseinandersetzungen zwischen der römischen und der dakischen Infanterie so wirkungsvoll waren, dass eine spezielle römische, auf alten Mustern basierende Rüstung entwickelt und die Schilde verstärkt wurden. Auf den Reliefs sind sowohl Kompositbögen als auch einteilige Bögen zu finden, wobei letztere zahlreicher in den Meißelungen auftauchen, aber seltener auf der Säule, wo sowohl die Daker als auch die Sarmaten mit Reflexbögen gezeigt werden. Die Köcher sind röhrenförmig mit Deckel und reich verziert. Der keltischen *carnyx* nachempfundene Trompeten in der Form von Schlangenungeheuern werden in Gruppen dargestellt. Einige Exemplare, mit einer großen Zierspitze am Kolbenende, scheinen allerdings als Standarte gedacht gewesen zu sein.

Ist diese Analyse korrekt, so scheint es, dass der Sockel der Trajanssäule Basreliefs von Rüstungen, Waffen und sonstiger Ausrüstung zeigt, die vollständig oder in großer Mehrheit dem dakischen Volk gehörte, dem Ziel von Trajans Feldzug. Einige Wissenschaftler sehen in verschiedenen Stücken die mit östlicheren Völkern in Verbindung gebracht werden, insbesondere dem Verbundpanzer, Trophäen, die ehemals den

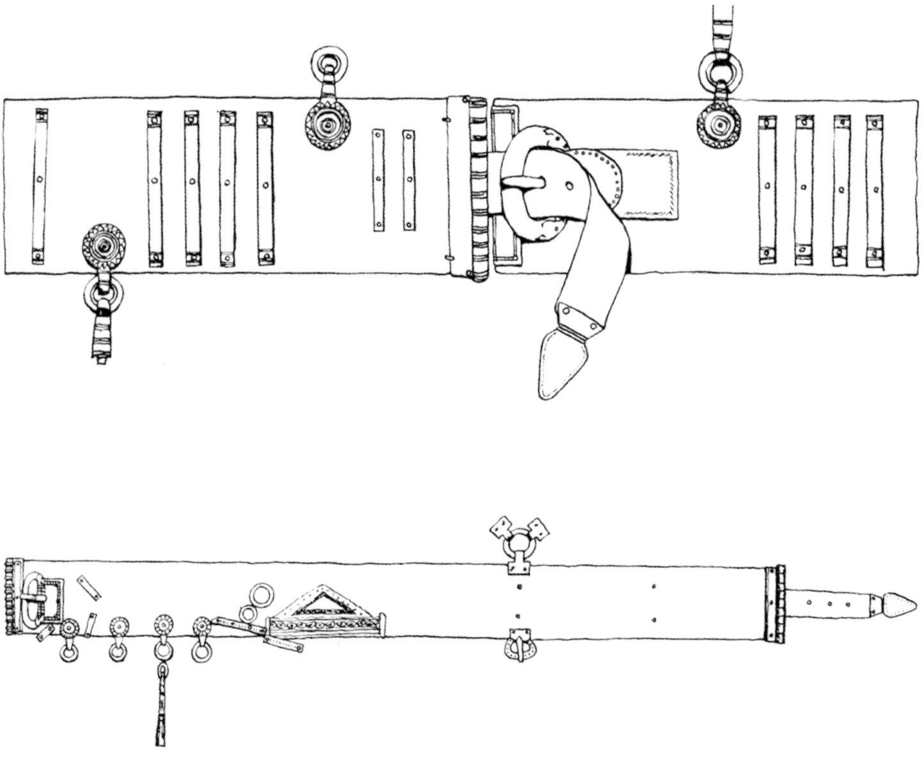

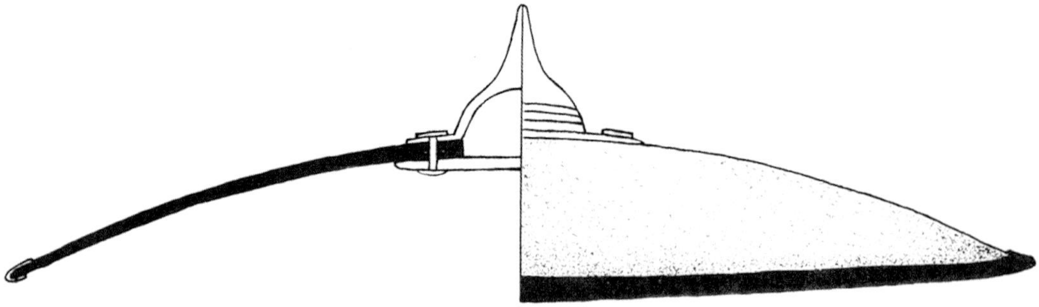

Schaubild eines angelsächsischen Schilds. Typischer, auch von anderen germanischen Stämmen getragener Rundschild. Aus Lindenholz, ca. 5 cm dick und von 90 cm Durchmesser. Die dünnen geformten Bretter wurden mit Leinen oder Leder bespannt. Die Vertiefung in der Mitte mit dem leicht versetzten Metallgriff war von einem großen Eisenbuckel bedeckt und auch der Rand war aus Eisen, Bronze oder gelegentlich aus Leder. Neben dieser gewölbten Art wurden flache Rundschilde eingesetzt. Die Vorderseite wurde häufig mit Metallstreifen verstärkt und mit einfachen oder kunstvollen Verzierungen bemalt.

iranischen Roxolanen gehört hatten. Ich halte diese Theorie für plausibel, aber wäre es nicht möglich, dass führende Krieger der Geto-Daker Rüstungen besaßen, die nicht in Europa hergestellt worden waren?

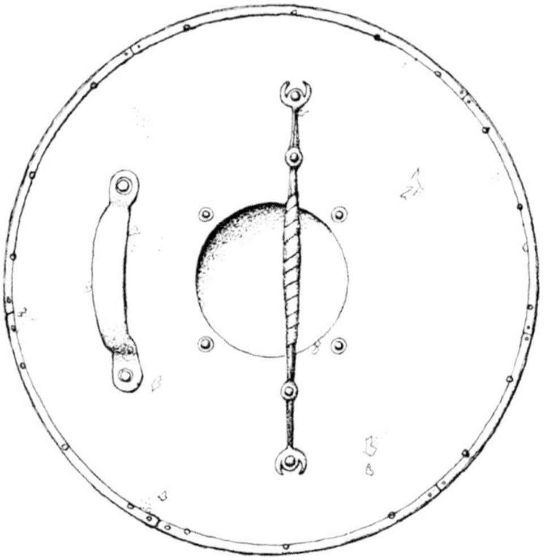

Rekonstruktion der Innenseite eines angelsächsischen Schildes. Zu sehen sind der Unterarmriemen und der Handgriff.

KRIEGSFÜHRUNG

Vor der Eroberung und Befriedung Galliens durch die Römer begannen germanische Stämme nach Südwesten zu ziehen. Bis zum ersten Jahrhundert nach Christus hatten sie das Rheinland erreicht. Man geht davon aus, dass es sich bei dem Volk, welches damals zwischen der Aller im Osten und der Oise im Westen ansässig war, um ursprüngliche, „alte" Europäer handelte, die weder Kelten noch Germanen waren und eine vorindogermanische Sprache sprachen. Ihre Verdrängung durch ein kampfeslustigeres Volk wurde mit großer Sicherheit von den römischen Grenztruppen bemerkt und hat möglicherweise die Feldzüge des Augustus ausgelöst. Auf Stämme wie die Chatten, Cherusker, Chamaven, Chattuarier, Chamaren, Angrivarier usw. folgten die Alemannen, Goten, Gepiden, Franken, Wandalen, Bajuwaren, Thüringer und Sachsen.

Wahrscheinlich stark auf den Erfahrungen von Soldaten, die von Augusts germanischen Kampagnen zurückgekehrten, und auf dem Werk *Die germanischen Kriege* von Plinius dem Älteren basierend, verfasste Tacitus etwa im Jahr 98 n. Chr. eine Untersuchung über die Germanen, die *Germania* [1]. In einer Passage, in der er die Bewaffnung der Krieger beschreibt, schreibt er: „Nur wenige haben Schwerter oder Lanzen. Die Lanzen, die sie tragen, *frameae* ist das einheimische Wort, haben kurze scharfe Spitzen, aber sind so schmal und einfach zu handhaben, dass dieselbe Waffe ihnen sowohl für den Nah- als auch den Fernkampf dient. Der Reiter verlangt nicht mehr als seinen Schild und seine Lanze, der Infanterist jedoch hat mehrere Wurfspeere, die er über weite Entfernungen schleudern kann."

Diese Beschreibung stimmt sehr genau mit archäologischen Funden aus jener Zeit überein. Ob die *frameae* absichtlich kurze, schmale Spitzen aufwiesen, oder ob die Stämme lediglich wenig Eisen zur Verfügung hatten, wird von dem Historiker nicht erklärt. In den nordeuropäischen Mooren gefundene Körper aus jener Zeit sind exakt so gekleidet wie auf den Ruinen römischer Gebäude dargestellte Germanen. Mit wenigen Ausnahmen trugen die Germanen zur Zeit der ersten Aufeinandertreffen mit den römischen Truppen außer dem Schild keinen Körperschutz. Die übliche Taktik der Germanen bestand darin, kopfüber in Keilformation auf die Feinde loszustürmen, um sie schnell zu erreichen und so den töd-

1 Plinius' Buch ist verlorengegangen, was umso tragischer ist, da wir wissen, dass der Autor selbst an der Grenze gedient hatte.

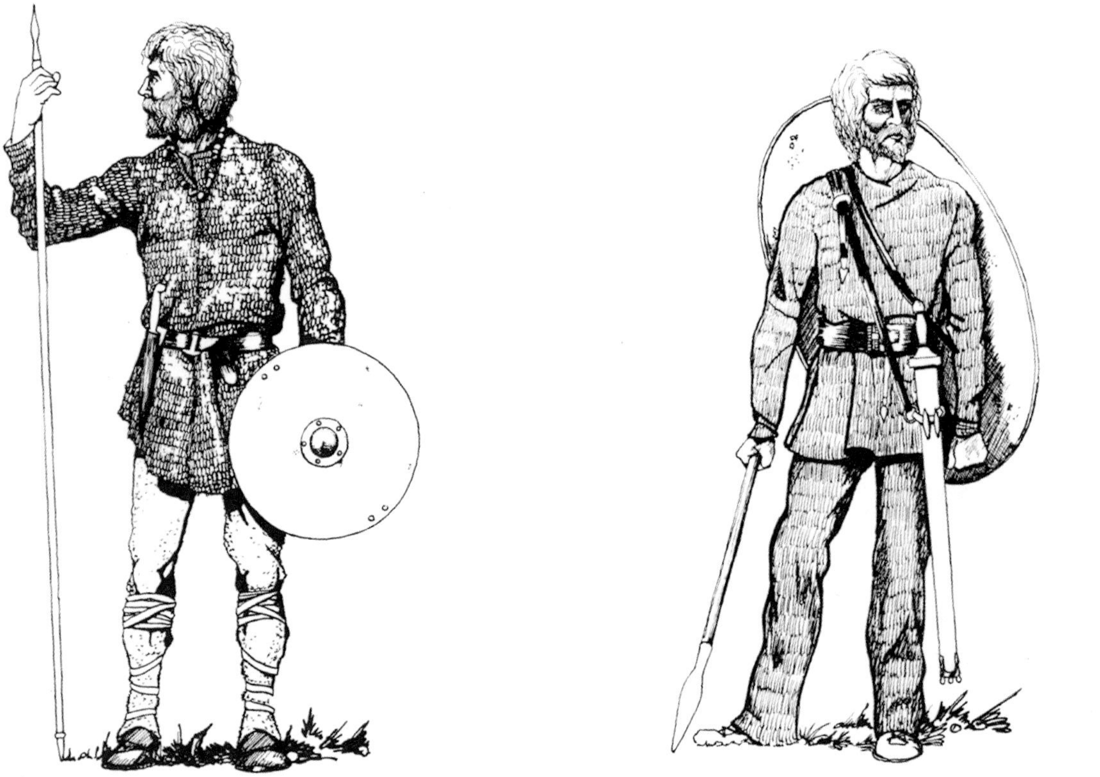

Rekonstruierte Abbildungen von zwei sächsischen Kriegern: (links) aus Niedersachsen, vermutlich ein ehemaliger römischer Soldat, von einem Grab bei Liebenau aus dem 4. Jahrhundert. (rechts) ein freier sächsischer Krieger aus dem 5. Jh., von Grab Nr. 60 in Petersfinger, Salisbury, England.

lichen Hagel der *pila* der Legionäre wirkungslos zu machen: Dies war der legendäre „Furor Teutonicus".

Im frühen 1. Jh. n. Chr. beschloss Rom, die nördliche Grenze, durch die Annektierung Germaniens bis zur Elbe, zu verkürzen. Allerdings scheiterte der entscheidende Feldzug gegen die Markomannen, als sich die neuen Provinzen in Nordgermanien gegen die römische Herrschaft auflehnten. Im Jahr 9 n. Chr. wurden die drei dort stationierten Legionen (die XVII., die XVIII. und die XIX. Legion) im Teutoburger Wald in einer Reihe von Angriffen aus dem Hinterhalt vernichtet. Der Anführer der Germanen und Häuptling der Cherusker, Hermann (Arminius), hatte in der römischen Armee gedient und sein Wissen über ihre Probleme in sumpfigen, stark bewaldeten Gebieten ausgenutzt. Allerdings strebte er mehr Macht an als Kriegsanführern für gewöhnlich gewährt wurde und wurde später von seinen politischen Gegnern zu Hause ermordet. Das unumstrittene Ergebnis dieser Niederlage war, dass die römischen Pläne einer späteren Besetzung ganz Germaniens dauerhaft aufgegeben wurden. Germanicus, der Neffe des Kaisers Tiberius, führte eine Reihe kurzer Feldzüge in Niedergermanien durch, um Wiedergutmachung für die Vernichtung der aus diesem Gebiet stammenden, drei Legionen starken Garnison zu leisten, indem er ihnen die letzte Ehre an ihrem Sterbeort erwies. Das Reich erhielt seine Grenzen aufrecht und verstärkte die Verteidigung im Norden. Caligulas schwachsinnige Träume von einer Eroberung Germaniens kamen und gingen, bis andere Possen sein Interesse weckten.

Während der Bürgerkriege von 68 bis 69 n. Chr. zerstörten nordostgallische Stämme zusammen mit germanischen Verbündeten die römischen Streitkräfte am Rhein und riefen ein „Reich der Gallier" aus. Doch die Römer konnten dieses gallische Reich schnell vernichten. Schließlich schlossen Vespasian und sein Sohn die gefährliche Lücke zwischen Rhein und Donau mit einem mächtigen Verteidigungssystem. Nachdem Domitian die wandernden Chatten nach einer Reihe bitterlich umkämpfter Schlachten in den Jahren 83 und 88 n. Chr. am Mittelrhein aufgehalten hatte, erlebten Ober- und Untergermanien unter der geschickten Verwaltung Trajans eine Zeit der Ruhe. Legionen konnten nun vom Rhein an die Donau versetzt werden. Ostgermanische Stämme begannen, das Interesse des römischen Militärs auf sich zu ziehen, als sich mehrere Stämme unter dem großen Markomannen-Häuptling Marbod zu einem mächtigen Bündnis zu-

Die allgemeine Verbreitung der größten Germanengruppen um das Jahr 100 n. Chr.

sammenschlossen, nachdem die Markomannen zusammen mit den Quaden die Boier aus Böhmen vertrieben hatten. Im Jahr 17 n. Chr. suchte Marbod schließlich Zuflucht in Ravenna, als andere Germanen begannen, sich gegen seine wachsende Macht zu wehren.

Die Thraker

Während der frühen großen Wanderungen zogen indogermanische Krieger-Gruppen mit ihren Familien in weite Gebiete Europas. Eine dieser eng miteinander verwandten Gruppierungen nahm Gebiete in Südosteuropa und schließlich Teile des Nahen Ostens und Mittelosteuropa in Besitz: die Thraker. Im ersten Jahrhundert wurden die südeuropäischen Thraker von ihrer nördlicheren Verwandtschaft, den Dakern, getrennt. Die innerhalb der römischen Grenzen ansässigen Thraker wurden durch ihre Rekrutierung in die römische Kavallerie bekannt.

Zwei Axtköpfe aus Eisen. Die Profile auf der rechten Seite aus einem Fund in Brandenburg und die auf der linken Seite aus einem Fund in Weißenfels.

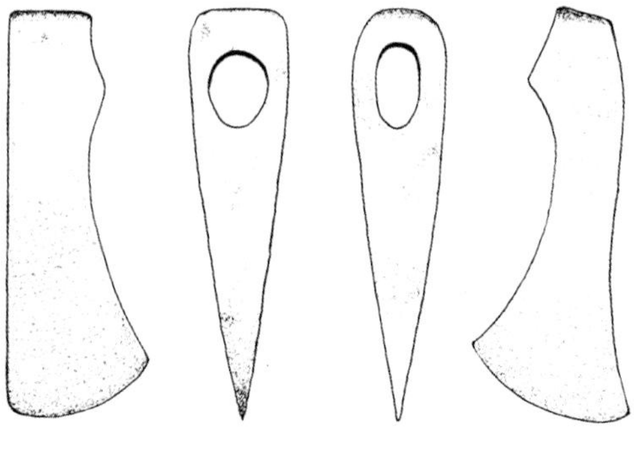

Die Sarmaten

In der weitläufigen russischen Steppe lebte das berittene indogermanische Volk der Iraner ein hochentwickeltes Nomadenleben. Sie waren in Gebiete gezogen, die von denjenigen Indogermanen verlassen worden waren, die nun in Europa lebten. Einige waren etwa 1200 v. Chr. nach Indien eingedrungen, andere hatten die Reiche der Meder und der Perser gegründet. Im 5. Jh. v. Chr. bewohnten die Sarmaten noch die eurasischen Steppen, zwischen den Skythen im Westen und den Saken im Osten. Wahrscheinlich als Folge chinesischer Operationen gegen die Nomaden an der chinesischen Westgrenze setzten sich die Steppenbewohner in Bewegung. Die Sarmaten zogen nach Westen und löschten die Skythen aus, deren Überlebende an die Donau und auf die Krim flohen. Bis zur Mitte des 2. Jh. n. Chr. waren die Sarmaten in Europa als Jazygen und Roxolanen und weiter im Osten als Alanen bekannt. Man geht davon aus, dass der sarmatische Erfolg gegen die Skythen auf ihrer schweren Kavallerie basierte, in der in manchen Formationen sowohl die Männer als auch die Pferde vollständig gepanzert waren. Diese „Kataphrakte“ dienten als Stoßtrupp an der Seite der traditionellen berittenen Bogenschützenformationen, die von allen berittenen Nomadenvölkern verwendet wurden.

Weder die Thraker noch die Sarmaten waren Germanen. Dennoch gibt es verschiedene Gründe, warum sie in diesem kleinen Werk Erwähnung finden. Die Daker waren ein thrakisches Volk, jedoch wurde Dakien auch von Dako-Germanen und im Nordosten von Dako-Kelten bewohnt. Die sarmatischen Roxolanen wurden als einzige schwere Kavallerie-Streitmacht in der dakischen Armee enge Verbündete der Daker. Mit der Zerstörung Dakiens kamen die römischen Armeen in direkten Kontakt mit ostgermanischen Stämmen, die in einem Gebiet lebten, das zu jener Zeit von den germanischen Gepiden überrannt wurde. Im Jahr 85 n. Chr. griffen dakische Streitkräfte römische Verteidigungsanlagen in Moesia (Mösien) an, plünderten die Provinz und töteten den Statthalter. Die ersten Feldzüge gegen die Eindringlinge in Moesia leitete Kaiser Domitian, später übertrug er jedoch den Befehl an Cornelius Fuscus. Der Feldzug wurde bis nach Ostdakien hinein fortgesetzt, allerdings konnten die Daker die Römer durch ihre große zahlenmäßige Überlegenheit allmählich zurückdrängen und in einer Entscheidungsschlacht

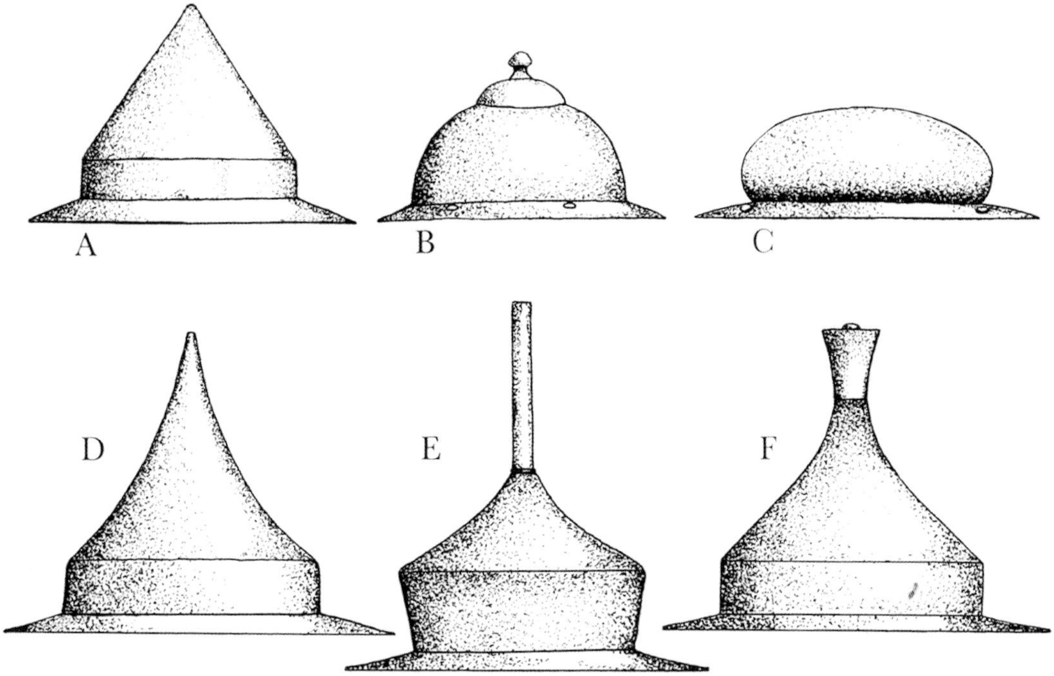

Germanische eiserne Schildbuckel aus (A) Hamburg (B) Gotland (C) Gotland (D) Hamfelde (E) Vimose (F) Gotland.

vernichtend schlagen, wobei Fuscus das Schicksal seiner Armee teilte und fiel. Die militärische Ehre der Römer wurde in der Schlacht von Tapae im Jahr 89 n. Chr. in gewissem Maße wiederhergestellt, als die Daker eine heftige Niederlage erlitten. Daraufhin wurde der dakische König Decebalus gezwungen, jährliche Tributzahlungen an Rom zu leisten und römischen Armeen Durchgang durch dakisches Gebiet zu gewähren. Dass der Kaiser den Sieg jedoch nicht als endgültig erachtete, wird dadurch deutlich, dass er in jenem kritischen Augenblick den Beinamen „Dacicus" zurückwies.

Im Jahr 98 n. Chr. kam Kaiser Trajan an die Macht, zu einer Zeit, in der die Lage an den nördlichen Grenzen sehr angespannt war. Im Westen sah sich Rom einer ständigen Bedrohung durch germanische Stämme ausgesetzt und auch die Daker - so die Befürchtung der Römer - weiteten ihre Festungen als Vorbereitung für einen erneuten Angriff aus. Die dakische Kultur war den anderen europäischen Barbaren zu diesem Zeitpunkt weit voraus. Es handelte sich in allen er-

Spangenhelme aus der Völkerwanderungszeit.
(Links) In Holland gefundener Eisenhelm eines römischen Hilfstruppensoldats aus dem 3. Jh. n. Chr.
(Mitte) Gotischer Helm vom Schlachtfeld bei Tolbiacum (Zülpich), 5. Jh. n. Chr. Die Schale ist aus Eisen mit vergoldeter Kupferverzierung.
(Rechts) Helm aus dem Grab eines Kriegers im Elsass aus dem 6. Jh. n. Chr. *(wahrscheinlich ein Erbstück aus früherer Zeit)***.**

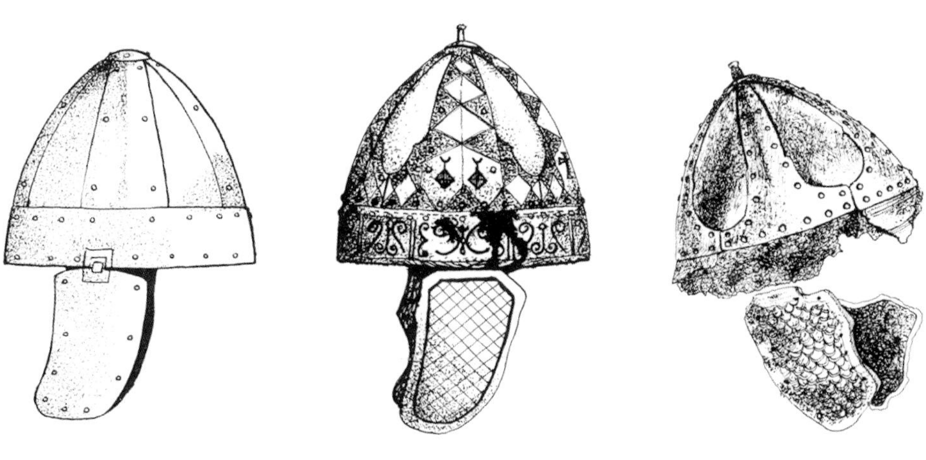

kennbaren Aspekten um eine keimende Zivilisation. Aus den großen verteidigten Festungen begannen sich Städte (sogenannte oppida) wie beispielsweise die Hauptstadt Sarmizegetusa zu entwickeln. Bedeutende Zentren wurden von kleineren oppida und anderen Vorposten verteidigt. Der Handel war gut organisiert und wurde gefördert. Schmiedearbeiten aus Gold und Silber, Töpferwaren, Eisenwerkzeuge und Waffen von äußerst hoher Qualität wurden für den eigenen Gebrauch und den Export in die hochentwickelte römische Welt im Süden produziert. Es war diese aufkeimende Zivilisation, die nun das wachsende Interesse des römischen Militärs erweckte.

Im Winter 100-101 n. Chr. zog Trajan zehn Legionen, Vexillationen aus anderen Legionen und eine große Anzahl Hilfstruppen aller Art bei Viminatium, einem Militärstützpunkt am südlichen Donauufer im heutigen Serbien, zusammen. Auf Schiffbrücken überquerte die römische Eroberungsarmee im Frühling 101 n. Chr. die Donau in das dakische Gebiet. Dort traf sie auf keinerlei Gegenwehr, bis sie die das Gebiet von Tapae erreichte, wo sich ihnen eine große dakische Streitmacht entgegenstellte. Die darauf folgende Schlacht führte keine Entscheidung herbei. Die Daker zogen sich in die Berge zurück, dabei töteten sie Vieh und verbrannten Getreide, um den römischen Vormarsch zu verlangsamen. Nach einem weiteren Vorstoß schlugen die römischen Streitkräfte die Winterlager auf. Zusammen mit ihren sarmatischen Verbündeten,

Germanische Standarten: (Links) Aus dem Grab des aurelianischen Generals A. Julius Pompilius (möglicherweise auch eine Trompete) (Rechts) Eine Vexillum-Standarte von einer augusteischen Münzrückseite.

den Roxolanen, führten die Daker einen Angriff in Niedermösien durch, der allerdings von den Römern zurückgeschlagen wurde. Während des Winters beschäftigten sich die Römer damit, technische Meisterleistungen zu vollbringen.

Im Frühjahr des Jahres 102 n. Chr. griffen die Römer Sarmizegetusa durch den Rotenturmpass an. Während der gesamten Auseinandersetzung wurden dakische Abgesandte zu Trajan geschickt, der ihnen jedoch fortwährend eine Audienz verweigerte. Als er schließlich eine Abordnung bedeutender Adeliger empfing, schickte er sie mit Bedingungen zurück, die der dakische König, Decebalus, ablehnte. Nach einer weiteren großen Schlacht kapitulierte Decebalus und die römischen Streitkräfte besetzten die dakische Hauptstadt Sarmizegetusa.

Im Jahr 105 nahmen die mittlerweile wiederbewaffneten Daker den Befehlshaber der römischen Garnison in Sarmizegetusa als Geisel, der ihnen allerdings zuvorkam und sich vergiftete. Abermals verwüsteten die Daker Moesia, bis es den Römern unter großen Anstrengungen gelang, die Provinz noch vor Wintereinbruch zu befreien. Im Frühjahr des folgenden Jahres führten sie einen Doppelangriff auf Sarmizegetusa durch und belagerten die Stadt. Als alles verloren schien, nahmen einige der dakischen Adeligen Gift, andere, unter anderem Decebalus, flohen und wurden schonungslos verfolgt. Decebalus wurde eingekesselt, nahm sich allerdings selbst das Leben, indem er sich den Hals durchschnitt, bevor er gefangen genommen werden konnte. Nachdem die verbliebenen Widerstandsnester ausgelöscht worden waren, wurden große Teile der dakischen Gebiete als römische Provinz annektiert.

Die Markomannenkriege

Bis zur Mitte des 2. Jh. n. Chr. nahm der Druck auf die nördlichen Grenzen des römischen Reiches zu, da das hohe Bevölkerungswachstum unter den germanischen Stämmen ihre Anführer dazu trieb, neue Siedlungsgebiete zu suchen. Die Goten und andere Germanen begannen, in einem ständigen Strom nach Süden zu ziehen. Diese Wanderung führte das gotische Volk nach Südrussland und die Gepiden in die Karpaten. Die Asdingen zogen in das Gebiet, das westlich der römischen Provinz Dakien lag und ehemals von den sarmatischen Jazygen beherrscht wurde. Die römische Militärführung muss diese Entwicklungen mit großer Sorge verfolgt haben. Im Nordwesten schlossen sich die rheinischen Stämme zu einem dauerhaften Bund zusammen. Schon im 1. Jh. n. Chr. geriet die Grenze im Gebiet der mittleren Donau unter Druck. Dort hatten, seit der ersten Eroberung Dakiens im Jahr 106 n. Chr., links der Flüsse Donau, March und Thaya mit Einverständnis der Daker römische Befestigungen existiert.

Im Winter 166/167 überquerte der westgermanische Stamm der Langobarden zusammen mit den Lakringen, Viktofalen und den Ubiern den gefrorenen Rhein. Unmittelbar danach gelang den Markomannen, Quaden und sarmatischen Jazygen im Gebiet der mittleren Donau ein Durchbruch. Von diesem Zeitpunkt an zog eine Art „Blitzkrieg", der von einem Barberenkomplott seinen Ausgang genommen hatte, eine immer größere Anzahl Barbaren an, obwohl die Römer im Jahr 170 eine insbesondere gegen die Quaden gerichtete Offensive starteten. Sie umgingen die römischen Armeen auf der rechten und linken Flanke und fielen in Griechenland ein. Anfang des Jahres 171 drangen sie auch in Italien ein, wurden aber schnell zurückgeschlagen von Truppen, die in den Grenzgebieten zusammengezogen wurden. Im Laufe dieses Jahres befreite Mark Aurel das Reich von den Eindringlingen und mit den Quaden und Jazygen wurde Frieden ausgehandelt. Im Jahr 172 griffen die römischen Streitkräfte die Markomannen an der Donau an. Daraufhin brachen die Quaden ihr Abkommen mit den Römern und unterstützen ihre suevischen Brüder. Nachdem er die Markomannen besiegt hatte, wandte Mark Aurel sich den Quaden zu, die er im Jahr 173 angriff und besiegte. Daraufhin schlossen auch die Quaden Frieden. 174 griffen römische Truppen die Jazygen an, woraufhin die Quaden abermals ihr Abkommen brachen. Der Krieg dauerte bis zum Sommer 175, als ein Waffenstillstand vereinbart wurde.

Während dieser heftigen Kriege wurden beträchtliche Schwächen in der Verteidigung der nördlichen Grenze sichtbar. Das Reich war überfallen und verwüstet worden. Der anhaltende Kampf nahm die Armee auf allen Ebenen stark in Anspruch, so dass sogar einmal in einem verzweifelten Experiment die Gladiatorenschulen geleert wurden. Die Kämpfe mit Rom während der Markomannenkriege brachten weitreichende Veränderungen für die germanischen Völker und weckten die Begierde, weitere Überfälle auf den Koloss im Süden durchzuführen. Am Ende der Markomannenkriege (das sich später für die Germanen als Anfang erweisen sollte) bemannten 16 der 33 römischen Legionen zusammen mit einer Vielzahl von Hilfstruppen die Nordgrenze. Die am stärksten in die Kriege verwickelten Stämme, die Markomannen und die Quaden, waren Germanen, die zu der suevischen Stammesgruppe gehörten. Sie waren nach langem Kontakt mit Noricum und Pannonien relativ zivilisiert. Ihre eingehende Kenntnis der Organisation und freudige Aneignung der Technologie der römischen Armee machte aus diesen Stämmen gefürchtete Gegner.

Die Goten

Ihrer geographischen Lage nach scheint das mächtigste germanische Volk, die Goten, das letzte seiner Sippe gewesen zu sein, das sich in Europa niedergelassen hatte. Unter verschiedenen Namen wie „Gotonen" und „Gutonen", „Gothinen" und „Geten", die sie von antiken Schriftstellern erhielten, besiedelten sie Gebiete in Skandinavien und dem späteren nördlichen Preußen. Sie selbst nannten sich wahrscheinlich „Gutthinda". Um kurz zu den Dakerkriegen zurückzukehren: Große Teile der dakischen Armee (einschließlich der keltischen Bastarnen und der Germanen) hatten sich nicht Trajan unterworfen, sondern sich zurückgezogen. Sie hatten sich zerstreut oder wurden wahrscheinlich von anderen Stämmen, vielleicht sogar den Goten während ihrer späteren Wanderungen in Richtung Süden, aufgenommen. Seit dem späten 2. Jh. n. Chr. waren die Goten im Besitz großer Gebiete nördlich der Donau, die im Osten an die

Angonen **– schwere germanische Wurfspeere mit Eisenspitzen und -schäften; sie waren vermutlich ca. 210 cm lang (einschließlich des hölzernen Schaftes). Beispiele aus (von rechts nach links) Frankreich, Deutschland, Österreich und England. Sie waren offensichtlich dazu gedacht, wirkungsvoll zu töten oder zu verstümmeln. Die Länge des Eisenschafts legt die Vermutung nahe, dass der *angon* im Nahkampf eingesetzt wurde, in dem die Gefahr bestand, dass die Spitze abgehakt wurde. Die Ähnlichkeit mit dem klassischen römischen *pilum* wirft die Frage auf, ob der *angon* auch dazu gedacht war, die feindlichen Schilde niederzudrücken, wenn er geworfen wurde.**

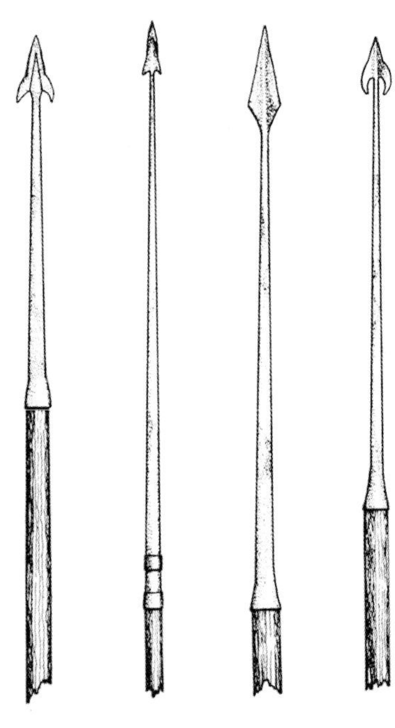

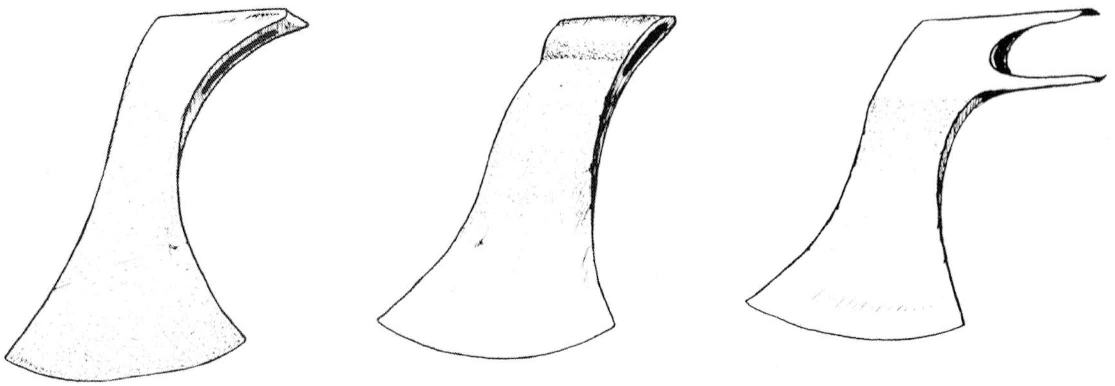

Beispiele der *francisca*, der germanischen Wurfaxt, Nordfrankreich, 4.-6. Jahrhundert n. Chr.

Küste des Schwarzen Meeres bis zur Tauris oder Krim reichten und tief in die Gebiete hinein, die einst den sarmatischen Roxolanen gehört hatten, von denen sie die Verwendung von schwerer Kavallerie, der *kontos* (einer langen schweren Lanze) und des Steigbügels erlernten.

Diese Stoßtruppen in Form schwerer Kataphrakt-Kavallerie waren nicht vollständig neu, sondern zuvor schon unter iranischen Nomaden jahrhundertelang eingesetzt worden. Die Sarmaten hatten sie perfektioniert, wodurch es ihnen möglich war, die Skythen zu besiegen und ihr Siedlungsgebiet zu übernehmen. Es scheint, als hätten die Goten die Sarmaten auf Grund ihrer Grausamkeit in der Schlacht zu Fall gebracht, wahrscheinlich indem sie ihre Pferde abschlachteten (eine germanische Taktik). In der Folge standen sie mit einer schweren Kavalleriestreitmacht ausgerüstet, die die zahlreiche traditionelle Infanterie unterstützte, der römischen Armee des 3. Jh. gegenüber, die mittlerweile größtenteils aus Germanen, Illyrern und Nordafrikanern bestand.

Mitte des 3. Jahrhunderts drangen die Goten in den Balkan ein und töteten Kaiser Decius. Kurze Zeit später, im Jahr 256, brach die Rheingrenze zusammen. Gallien wurde von den Franken und Alemannen überrannt, die zum Teil bis nach Spanien und Italien vordrangen. Die Goten breiteten sich, nachdem sie sich den Balkan erschlossen hatten, auch nach Anatolien aus. Ihr Verbleib auf dem Balkan war von ständigen Niederlagen gegen die von den illyrischen Kaisern geführten römische Streitkräfte gekennzeichnet.

Im Jahr 275 n. Chr. zog sich Rom formell aus Dakien zurück, woraufhin dieses umgehend von den Gepiden und den Westgoten besetzt wurde. Am Rhein verließen die Römer ebenfalls den Winkel zwischen Donau und Schwarzwald, der anschließend von den Alemannen besiedelt wurde.

Im 4. Jahrhundert war es kein leichtes Unterfangen für die römische Armee, einen germanischen Stamm zu besiegen. Ihren Truppen fehlte das Selbstvertrauen und die Geschlossenheit früherer Jahrhunderte. Infolgedessen benötigten sie eine umsichtigere Führung auf dem Schlachtfeld. Die Germanen dagegen organisierten sich in Großstämmen und schlossen neue Bündnisse: die Sachsen im Norden, die Burgunder südlich von ihnen, die Franken nördlich des Mains und die Alemannen südlich von diesen. Große Teile der römischen Formationen bestanden aus Franken, Alemannen, Goten, Vandalen, Herulern, Quaden, Markomannen und sarmatischen Alanen. Die Offiziere einiger Einheiten waren Germanen, die zum Teil bis zu den höchsten Rängen in der römischen Armee aufstiegen. Verlassene Gegenden an den Grenzen wurden mit ehemaligen Kriegsgefangenen aus germanischen Stämmen wiederbesiedelt. Aus militärischer Sicht wichtiger war jedoch, dass germanischen Stämmen in einem Abkommen erlaubt wurde, sich dort unter ihren Häuptlingen als Föderaten niederzulassen, wenn sie den Römern im Gegenzug Militärdienst leisteten. Indem diese Politik ausgeweitet wurde, konnte die kluge römische Diplomatie über die Grenzen hinaus reichen.

Hauptsächlich zu Lasten von slawischen Stämmen breiteten sich die Ostgoten unter der Führung des großen Ermanarich in den Ostseeraum und über den Don aus und besetzten das Bosporanische Reich, ein kleines römisches Protektorat. Die Ermordung Ermanarichs brachte störende Unruhe zu einer gefahrvollen Zeit. Im Jahr 370 n. Chr. erreichten Gerüchte ihre östlichen Vorposten, dass ein Volk von ungewöhnlich hässlicher Erscheinung in Richtung Westen über die Steppe zog. Durch ihre Expansion gen Osten waren die Ostgoten mit den Iranern und den Finnen in Kontakt gekommen, die wahre Nomadenvölker waren. Im Osten hatten die Ostgoten die nomadische Lebensweise übernommen. Möglicherweise war es eben diese östliche Expansion unter Ermanarich, die die Lawine aus Hunnen und sarmatischen Alanen, die nun auf die Ostgoten zurollte, ausgelöst hatte.

Die Hunnen, ein turko-mongolisches Volk, hatten einen

großen und schlagkräftigen Kompositbogen entwickelt, eine verbesserte Version der traditionellen, von nomadischen berittenen Bogenschützen verwendeten Waffe. Mit ihm waren sie in der Lage, die Rüstungen der chinesischen Soldaten zu durchdringen und so die Offensivstrategie der chinesischen Machthaber erfolgreich zu bekämpfen, wegen der sie ursprünglich nach Westen gezogen waren. Dieser Bogen war ebenfalls für die Niederwerfung iranischer Nomaden entscheidend, von denen die Alanen am weitesten im Westen lebten, denn auch hier konnten die hunnischen Pfeile die Rüstungen der iranischen Kataphrakte durchdringen. Die Hunnen erkannten den Wert dieser großen Anzahl an schweren Kavalleristen und setzten sie als Ergänzung ihrer eigenen kleinen Streitmacht gepanzerter Reiter ein. Die Goten, die ihnen nun im Weg standen, verfügten über eine Armee aus zahlreichen leichtbewaffneten Bogenschützen und Kavallerie, die zum Teil mit sarmatischen Waffen ausgestattet war. Die ostgotische Armee wurde überrollt, nach Südwesten verdrängt und ihr Reich zerstört. Den Westgoten erging es nicht besser. Die Gepiden wurden hunnische Vasallen in der ungarischen Steppe. Die Westgoten, Ostgoten und Asdingen baten um Zuflucht innerhalb des römischen Reiches und ihnen wurde von Kaiser Valens ein Gebiet an der Donau zugewiesen. Der riesige, gefräßige Menschenschwarm überquerte die Grenze in das römische Gebiet direkt in die Fänge gewissenloser Präfekten und Händler hinein, die sie entwaffneten und exorbitante Preise für schlechtes Korn und verfaulendes Fleisch von ihnen verlangten. Als ihnen das Geld ausging, wurden Sklaven als Bezahlung für das nun an die Goten verkaufte Hundefleisch genommen. Die Geduld der Goten ging zu Ende und nachdem sie in römische Waffenarsenale eingebrochen waren, um ihre Waffen wiederzuerlangen, verbündeten sie sich mit den übriggebliebenen freien Alanen und überfielen Thrakien. Bei Adrianopel trafen sie auf Kaiser Valens und die Armee des Oströmischen Reichs.

Die west- und ostgotische Infanterie lagerte in einer Wagenburg und die ostgotische Kavallerie war auf Nahrungssuche, als die die Römer aufmarschierten und die Wagenburg angriffen. In diesem Moment kehrte die ostgotische Kavallerie zurück und attackierte den rechten Flügel der römischen Armee, woraufhin die Infanterie die Wagenburg verließ, um die römische Kavallerie anzugreifen und diese zerschlug. Anschließend wurde systematisch die römische Infanterie vernichtet. Als die Nacht hereinbrach, gelang den Überlebenden die Flucht. Die Katastrophe von Adrianopel im Jahr 378 n. Chr. war die schwerste Niederlage der römischen Armee seit den Zeiten der Republik. Unter den Toten befanden sich der Kaiser des Ostreichs, Valens, der Heermeister der Infanterie, der Heermeister der Kavallerie, der *comes*, 35 Befehlshaber verschiedener Heeresabteilungen sowie mit nahezu 40.000 Toten fast die vollständige Armee des Ostreichs.

Darstellung einer Wache der *Germani Corporis Custodes* in Palastdienstkleidung. Dabei handelte es sich um ausgewählte Männer, die eine persönliche Leibgarde für die Kaiser von der Zeit des Augustus bis circa 70 n. Chr. und erneut vom 3. Jh. an bildeten. Sie wurden häufig dazu eingesetzt, den Ambitionen der Prätorianergarde entgegenzuwirken.

Sechs Jahre nach der Schlacht von Adrianopel wurden etwa so viele Goten, Vandalen und andere Germanen, wie bei der Katastrophe ums Leben gekommen war, als Kavalleristen unter ihren eigenen Häuptlingen für die oströmische Armee angeworben.

Zwei in England geborgene *franciscae*. *(Britisches Museum)*

Rechts: Vierzehn Speerspitzen, ein Schwert, drei Eisenbuckel und ein Eisenkopf einer *francisca* allesamt aus Croydon, Surrey. *(Britisches Museum)*

Währenddessen ließen sich die Westgoten, frustriert von ihrer Unfähigkeit, mit Mauern umgebene Städte einzunehmen, im Jahr 382 nieder. 396 brachen sie allerdings wieder auf und ließen sich schließlich überzeugen, sich in Nordwestgriechenland anzusiedeln. In den Jahren 402 und 403 überfielen sie Italien, wurden jedoch schnell von der weströmischen Armee unter dem Kommando des romano-vandalischen Generals Stilicho besiegt. Zwei Jahre später besiegte Stilicho eine gemischte Armee aus Ostgoten, Quaden und Asdingen mit einer Armee, für die Einheiten von der Rheingrenze, aus Bayern und Britannien zur Verstärkung herangezogen werden mussten. Am letzten Tag des Jahres 406 überquerte ein weiteres Bündnis, diesmal bestehend aus Markomannen, Quaden, Asdingen und Silingen sowie einem Stamm enteigneter sarmatischer Alanen den Rhein ins verteidigungslose Gallien, welches sie zu großen Teilen verwüsteten. Nach drei Jahren erhielten sie die Erlaubnis, über die Pyrenäen nach Spanien zu ziehen, wo sie sich an der Atlantikküste niederließen.

Angeln, Sachsen und Jüten

Germanische Krieger wurden flächendeckend zur Verteidigung des Römischen Reichs eingesetzt und Britannien bildete dabei keine Ausnahme. Batavische, friesische, fränkische und sächsische Soldaten wurden dort seit dem 2. Jahrhundert eingesetzt, eine Tradition, die von den Romano-Briten fortgesetzt wurde. Im 3. und 4. Jh. wurde eine Kette aus Kastellen an den immer wieder von Sachsen verwüsteten Küstengebieten errichtet und mit einer speziellen Truppe unter der Führung des *comes litoris Saxonici* (des Kommandanten der Sachsenküste) besetzt. Archäologische Funde aus ehemals dicht bevölkerten Gebieten in Norddeutschland, Dänemark und der Nordseeküste zeigen, dass kurz nach dem Jahr 400 eine großflächige Wanderung stattfand und kontinentaleuropäische Siedlungsplätze verlassen wurden. In einigen Küstengegenden gibt es keine Hinweise auf Dörfer, die nach dem 4. Jh. errichtet wurden. Orte, an denen Leichenverbrennungen durchgeführt wurden, sind nur von sehr geringem Nutzen. Sie enthalten lediglich einige wenige Urnen aus dem späten 5. Jahrhundert. In den dänischen Mooren hören schlagartig die Votivgaben auf. Im Jahr 410 griffen die Sachsen Britannien schließlich tatsächlich an.

Im Zuge des Angriffs auf Britannien trafen die Sachsen die Entscheidung (zusammen mit den Angeln, Friesen, Jüten und einer kleinen Zahl Franken und slawischer Wenden), zu den reichhaltigen Ackerböden in Südbritannien zu ziehen. Söldner und Piraten, Fischer und Bauern, sie alle brachten ihre Familien herüber, um sich dauerhaft niederzulassen. Die römischen Streitkräfte waren abgezogen worden, um die Armeen am Rhein bei ihrem verzweifelten Kampf um den Erhalt der zusammenbrechenden Nordgrenze zu unterstützen, und die romanisierten Briten waren in einem Brief von Kaiser Honorius dazu aufgefordert worden, sich selbst zu organisieren und zu verteidigen, wobei Sklaven, die dem Aufruf folgten, mit der Freiheit belohnt wurden. Die Romano-Briten organisierten sich in der Tat erstaunlich gut, ganz anders als Gallien, das innerhalb von 50 Jahren von den Franken unterworfen wurde. Die Barbaren waren zwar zahlenmäßig überlegen, doch der britische Widerstand war hartnäckig. Einige der Romano-Briten flüchteten aus dem Südwesten und ließen sich in der Nähe des heutigen Brest nieder, wo sie als Bretonen bekannt wurden. Der Widerstand gegen die Sachsen war im 6. Jahrhundert so erfolgreich, dass viele Germanen in ihre Heimat zurückkehrten oder, mit freundlicher Genehmigung der Franken, in Nordwestgallien siedelten[2]. In der Mitte des 6. Jahrhunderts kam es zu einem neuen Vormarsch der Angelsachsen, dieses Mal nach Wiltshire und zu den besten Ackerböden Britanniens in Devon

[2] ***Nach den außerordentlich lückenhaften Quellen war das Zurückdrängen dieser germanischen Invasion das Werk des legendären Arthur.***

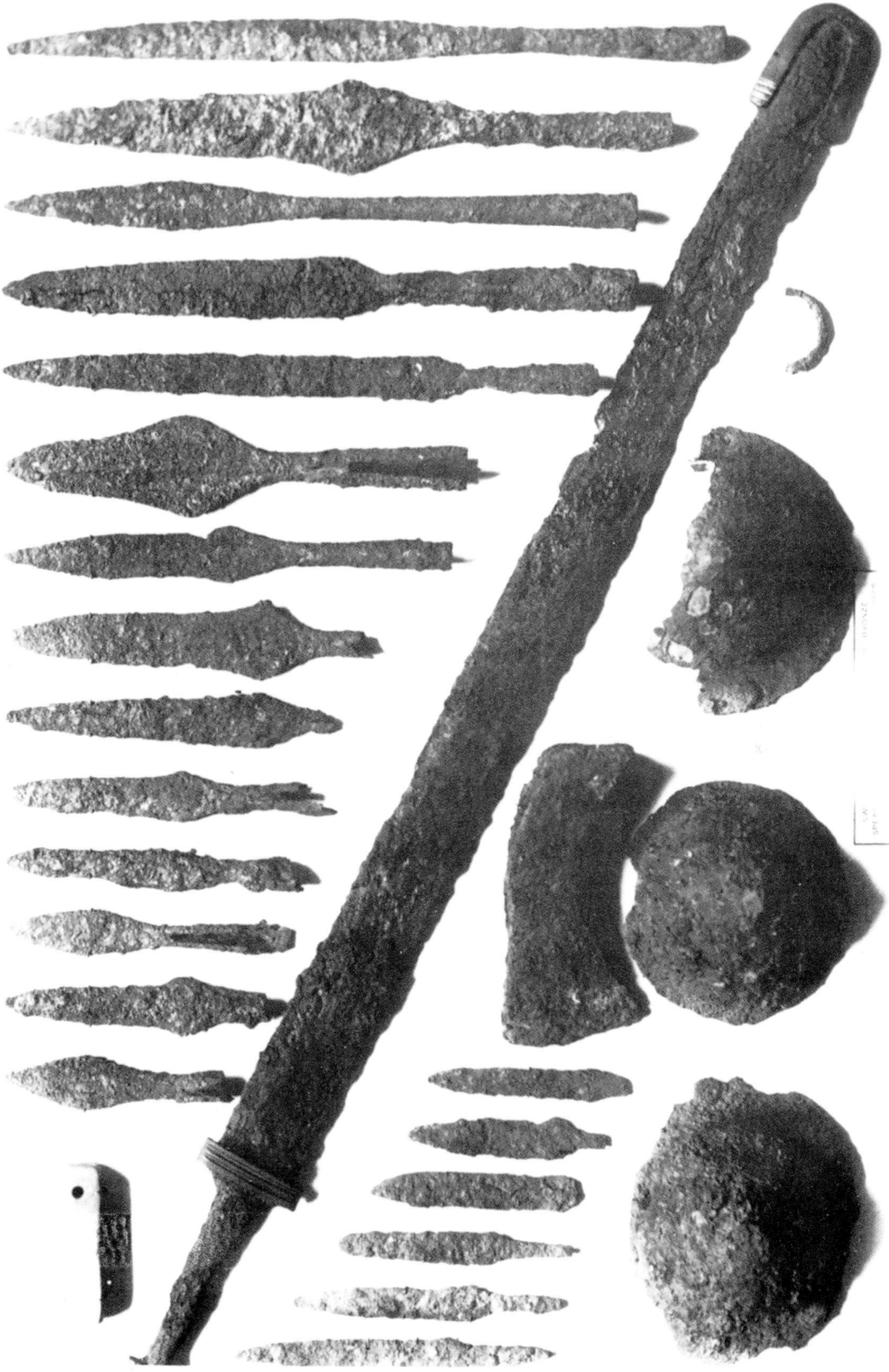

und Somerset. Dies war die letzte Phase der dauerhaften Germanisierung eines großen Teils der britischen Insel. Wie in anderen Teilen des römischen Europas zuvor entvölkerten sich die Städte allmählich, bis nur noch kleine Bezirke wild besiedelt wurden. Für die kriegerischen germanischen Bauern bedeuteten Städte nichts, sie waren wundersame, von Riesen errichtete Orte.

Stilicho, der Romano-Vandale, hatte mit seinen Ambitionen das Misstrauen von Kaiser Honorius erweckt und wurde ermordet. Daher konnte er keine Verhandlungen mit den Anführern der Germanen führen. Alarich, der König der Westgoten, forderte vor den Toren Roms stehend Land und einen Posten in der militärischen Führung Roms. Die römischen Machthaber, die mittlerweile im sicheren Ravenna residierten, verweigerten ihm seine Bitte, was zu einer sofortigen, aber halbherzigen Plünderung der Stadt führte. Die politische Wirkung war jedoch verheerend. Das Ansehen Roms sank ins Bodenlose. Die Westgoten zogen in Richtung Süden ab, wo sie nach Nordafrika übersetzen wollten, um dort die reichhaltigen Kornfelder in Besitz zu nehmen. Allerdings starb Alarich in Süditalien, wodurch die Römer ihre volle Konzentration auf die Gebiete nördlich der Alpen richten konnten. Die Westgoten wurden schließlich von Alarichs Bruder Athaulf aus Italien in das Rheinland geführt, wo sie die Römer bei der Befriedung des Gebiets unterstützten. Im Jahr 414 marschierten sie nach Spanien und vernichteten bis 416 die dort ansässigen Silingen und Alanen. Die Asdingen und Sueben wurden durch die Intervention der Römer gerettet und die Westgoten erhielten großflächige Ländereien nördlich der Pyrenäen in Südgallien.

Das Reich des Attila

Bis zum 5. Jahrhundert beherrschten die Hunnen weite Teile Germaniens sowie bis zum Kaspischen Meer reichendes Weideland, das vormals iranischen Nomaden gehört hatte. Im Jahr 436 griffen sie die Burgunder an, die daraufhin als Föderaten (niedergelassene Verbündete) in das Land um Genf zogen.

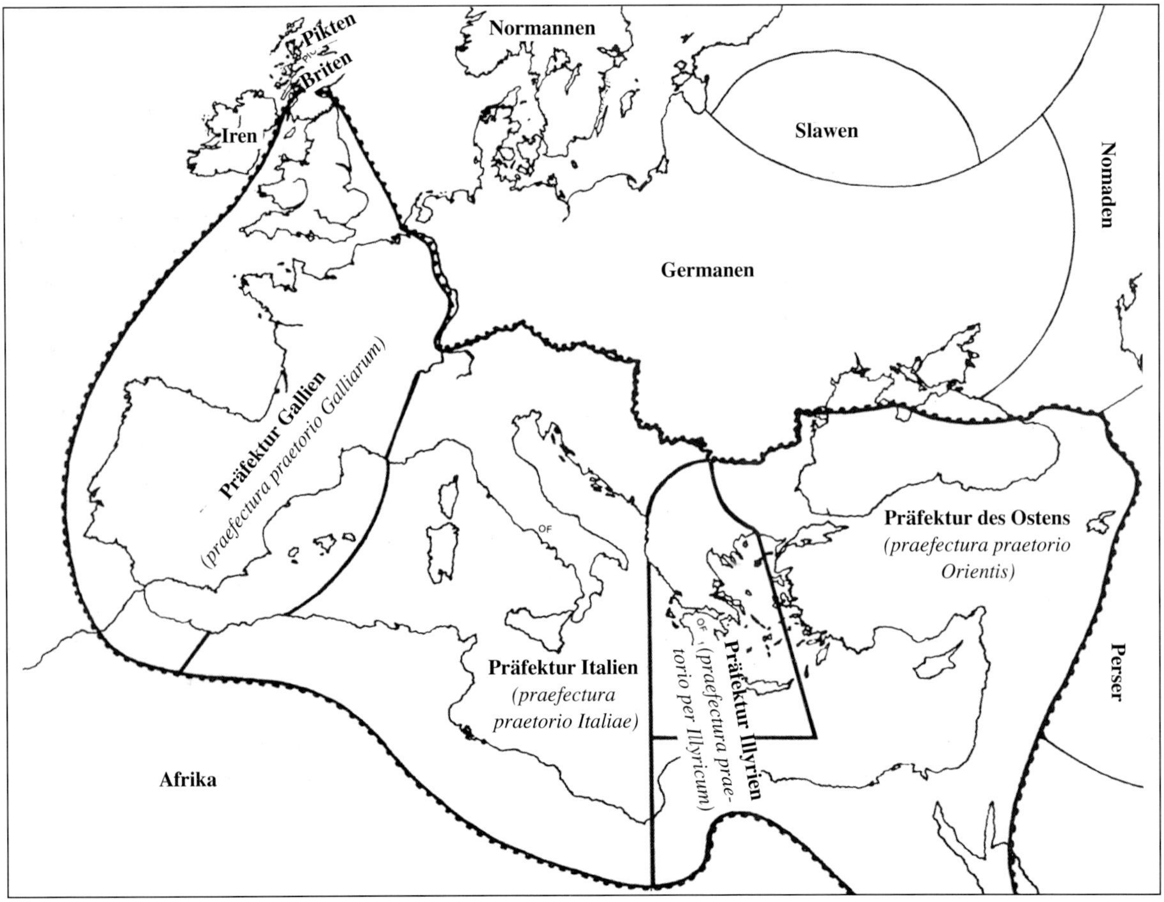

Das Römische Reich unmittelbar vor den großen germanischen Wanderungen etwa 395 n. Chr.

Germanische Krieger 1. Jh. v. Chr. bis 1. Jh. n. Chr.

Dakische Krieger, 2. Jh. n. Chr.

B

Markomannen und Quaden, 1.-2. Jh. n. Chr.

Gotische Krieger, 4. Jh. n. Chr.

D

Gotische Krieger, 4. Jh. n. Chr.

E

F

Angelsächsische Krieger, 5. Jh. n. Chr.
2
1
3

Germanische Soldaten der römischen Armee, 4.-5. Jh. n. Chr.

H

Im Jahr 451 führte Attila eine Armee aus Hunnen, Alanen, Goten und anderen germanischen Stämmen nach Gallien. Dort wurde er in der Schlacht auf den Katalaunischen Feldern von einer gemischten Armee aus Römern, Burgundern, Salfranken und Westgoten aufgehalten. In den Folgejahren überfielen die Hunnen Italien, wurden aber bestochen und zogen sich zurück. Attila starb im Jahr 453 in Ungarn, woraufhin das hunnische Reich in uneinige, von seinen Söhnen geführte Gruppen zerfiel, die schließlich von ihren germanischen Untergebenen in der Schlacht am Nedao in Dakien vernichtet wurden. Die Überlebenden gingen in der Römischen Armee und in Nomadenvölkern in der Steppe auf.

Während die Römer und andere germanische Stämme sich mit den Hunnen auseinandersetzten, überfielen die Asdingen im Jahr 428 von Spanien aus Nordafrika, wo sie die besten Provinzen übernahmen und unter König Geiserich eine vandalische Piratenflotte aufstellten. Um das Jahr 470 kamen die Westgoten nach Spanien, wo sie, ohne ihre Herrschaftsgebiete in Gallien aufzugeben, die herrschende Klasse bildeten.

Entgermanisierung der Ostarmee

Der Kaiser des Oströmischen Reiches, Zenon, (457-474) setzte Isaurier (halb zivilisierte anatolische Bergbewohner) in der Kaiserlichen Garde ein und formierte neue Regimente aus Isauriern und Armeniern. Außerdem veranlasste er die im Ostreich verbliebenen Goten nach Italien zu ziehen. Dadurch konnte er seinem Nachfolger eine von aufsässigen Germanen bereinigte Armee überlassen.

Eine der letzten Wanderungen, die hier nicht unerwähnt bleiben soll, war die der Franken nach Nordgallien im Jahr 486, wo sie sich unter ihrem König Chlodwig, der 511 starb, in alemannisches und westgotisches Gebiet ausbreiteten.

Während die Goten unter ihrem König Theoderich dem Großen (451-526) den Gipfel ihrer Macht erreichten, wurden die an den großen Wanderungen beteiligten germanischen Stämme unter ihren romanisierten Untergebenen sesshaft. Den letzten Umzug nahmen die Langobarden im 6. Jahrhundert vor, als sie, um dem Druck der Nomaden auszuweichen, nach Westen wanderten. Im Jahr 568 ließen sie sich in der Po-Ebene und verschiedenen südlicheren Gebieten nieder. Das nächste Mal strömten germanische Völker im 8. Jh. aus, diesmal als Wikinger, Rus, Waräger und Normannen.

DIE ABBILDUNGEN

Trotz 50 Jahren archäologischer Arbeit in dem ehemals von germanischen Stämmen bewohnten Gebiet bleibt vieles unbekannt oder (sträflicherweise) unveröffentlicht. Diese farbigen Abbildungen können nicht im gleichen Licht betrachtet werden wie darstellende Zeichnungen zu späteren Zeiten, für die wir über umfangreiche bildhafte Referenzen verfügen. Die erhaltenen Artefakte und authentischen zeitgenös-

Das Heft eines angelsächsischen Ringschwerts, ca. 6. Jh. n. Chr., aus King's Field, Faversham, Kent. (Britisches Museum)

sischen Bildquellen wie z. B. römische Siegesskulpturen sind nicht sehr zahlreich. Ihre Auswertung in einer ganzheitlichen Übersicht ist problematisch. Dennoch verfügen wir, wie im Text zu lesen ist, über mehr Material, als man annehmen könnte. Wir glauben, dass die Abbildungen, die vom Autor nach umfangreichen Recherchen mit großer Sorgfalt angefertigt wurden, die Erscheinung und Natur dieser glorreichen „Barbaren" angemessen darstellen.

Eventuell sollte hier ein allgemeiner Gedanke festgehalten werden: In der Debatte über die Kleidung jener Zeit treffen wir häufig auf irreführende Ausdrücke wie „grob gewebt" oder „grob hergestellt". Sicherlich findet man, was die Stoffe angeht, bei römischen Schriftstellern Textstellen über die Armut einiger germanischer Stämme, aber das Thema und der zeitliche Rahmen sind äußerst umfangreich und daher ist es gefährlich, Einzelheiten zu verallgemeinern. Wir sollten auf der Hut vor dem allgemeinen historischen Vorurteil sein, dass frühere Völker definitionsgemäß rauer waren als wir. Die erhaltenen Artefakte widerlegen dies wiederholt und vollständig. In Gesellschaften, in denen geschickte Handwerker alle Bedürfnisse erfüllten, ging die Beherrschung von Werkzeugen, Materialien und Techniken mit einem großen künstlerischen Instinkt einher. Die erhaltenen keltischen Waffen und Rüstungen aus den Anfängen der hier behandelten Zeit wurden von Schmieden angefertigt, die uns in nichts nachstanden. Warum sollte das gleiche nicht auch auf ihre Frauen zutreffen, die zweifelsohne ihre Webe- und Spinnfertigkeiten als wichtigen Bestandteil ihrer gesellschaftlichen Rolle von Mutter zu Tochter überlieferten? Warum sollten wir in unserer bodenlosen Arroganz annehmen, dass die Völker der europäischen Eisenzeit weniger geschickt die täglichen Aufgaben ihrer Welt erledigten als wir die unseren?

Einige Funde von erhaltenen Stoffkleidern in den nördlichen Mooren deuten auf feste, dauerhafte Materialien hin, die gelegentlich mit Tierhaar verwebt wurden, um ihnen zusätzliche Stärke zu verleihen. Doch obwohl sie rau im Sinne von „haarig" sind, so sind sie in keinster Weise unfein angefertigt. Das Gewicht der Stoffe ist von einer Bandbreite, die sich grob zwischen einem heutigen leichten Mantel und einer schweren Tweedjacke bewegt. (Interessanterweise haben moderne Versuche ergeben, dass die Wolle von unterernährten Hochlandschafen feiner ist als die von gemästeten Tieflandherden.) Es gibt Hinweise auf einfache, aber schön verzierte Bordüren. Die schriftlichen Beschreibungen von karierten Mustern und Streifen werden von erhaltenen Exemplaren kleiner, aufwändiger, geschickt angefertigter „Tartans" bekräftigt, wie beispielsweise das Frauengewand aus dem Huldremoor und der dazugehörige Schal. Das Gewand ist fein genäht und so geschnitten, dass es elegante, großzügige Falten bildet. Die zu jener Zeit verwendeten pflanzlichen Färbemittel ergaben vermutlich recht helle Farben, die mit der Zeit allmählich zu einer feinen Auswahl an gedeckten Schattierungen verblassten.

Während die Materialien und die Verarbeitung von Kleidung, Rüstungen und Waffen zweifelsohne von Region zu Region und Generation zu Generation variierten, sollten wir nicht vergessen, dass es damals keine starren Grenzen zwischen den Kulturen gab. Die Grenzen des römischen Reiches waren fließend und durchlässig, und es fand während des gesamten hier behandelten Zeitraums ein reger Handel zwischen der Mittelmeerwelt und dem unbefriedeten Nord- und Osteuropa statt. Als die Völkerwanderung begann, nahm die Vermischung von Stilen in bestimmten Gebieten und Stammesbündnissen wahrscheinlich noch einmal zu.

A: Frühgermanische Krieger, 1. Jh. v. Chr. – 1. Jh. n. Chr.

Der Reiter A1 sitzt auf einem robusten, aber wahrscheinlich schlechten Pferd. Das lässt sich aus der Tatsache ableiten, dass die Römer, die Reiter wie diesen in großem Umfang einsetzten, sie mit besseren Pferden ausstatteten, bevor sie sie für den Kampf in Formationen ausbildeten. Das Geschirr ist sehr elementar mit wenigen Metallbeschlägen, als „Sattel" wird eine gefaltete, von einem festen Ledergurt gehaltene Decke verwendet. Sein gefranster Umhang, der Kittel und die an den Knöcheln gebundenen Hosen sind aus Wolle. Der Schild ist aus mit Leder bezogenem Holz mit einer dünnen Bronzekante und einem Eisenbuckel. Er wird an einem Griff in der Mitte des Buckels getragen. Seine Bewaffnung beschränkt sich auf eine leichte Lanze (framea) sowie kürzere Wurfspeere und ein bronzenes Gürtelmesser.

A2 und A3 gehören der großen Gruppe der suevischen Stämme an. Sie tragen ihr Haar als „Suebenknoten", was bedeutet, dass es entweder über dem Kopf oder über der Schläfe geknotet wird. A2 trägt einen Schild keltischer Art, dessen Metallbuckel im Kampf zum Angriff eingesetzt wurde. Er ist mit einem spätkeltischen La-Tène-Schwert und einem Dolch bewaffnet. Im Kampf würde er mehrere Wurfspeere tragen, ebenso wie A3. Dieser junge, nur mit einem Lendenschurz aus Naturwolle bekleidete Krieger trägt einen ovalen Schild mit einer hervorstehenden Mittelrippe, die zum Buckel größer wird. Neben seinen Wurfspeeren könnte er noch mit einem Messer bewaffnet sein.

Die germanische Eroberung des Weströmischen Reichs: Europa um das Jahr 476 n. Chr.

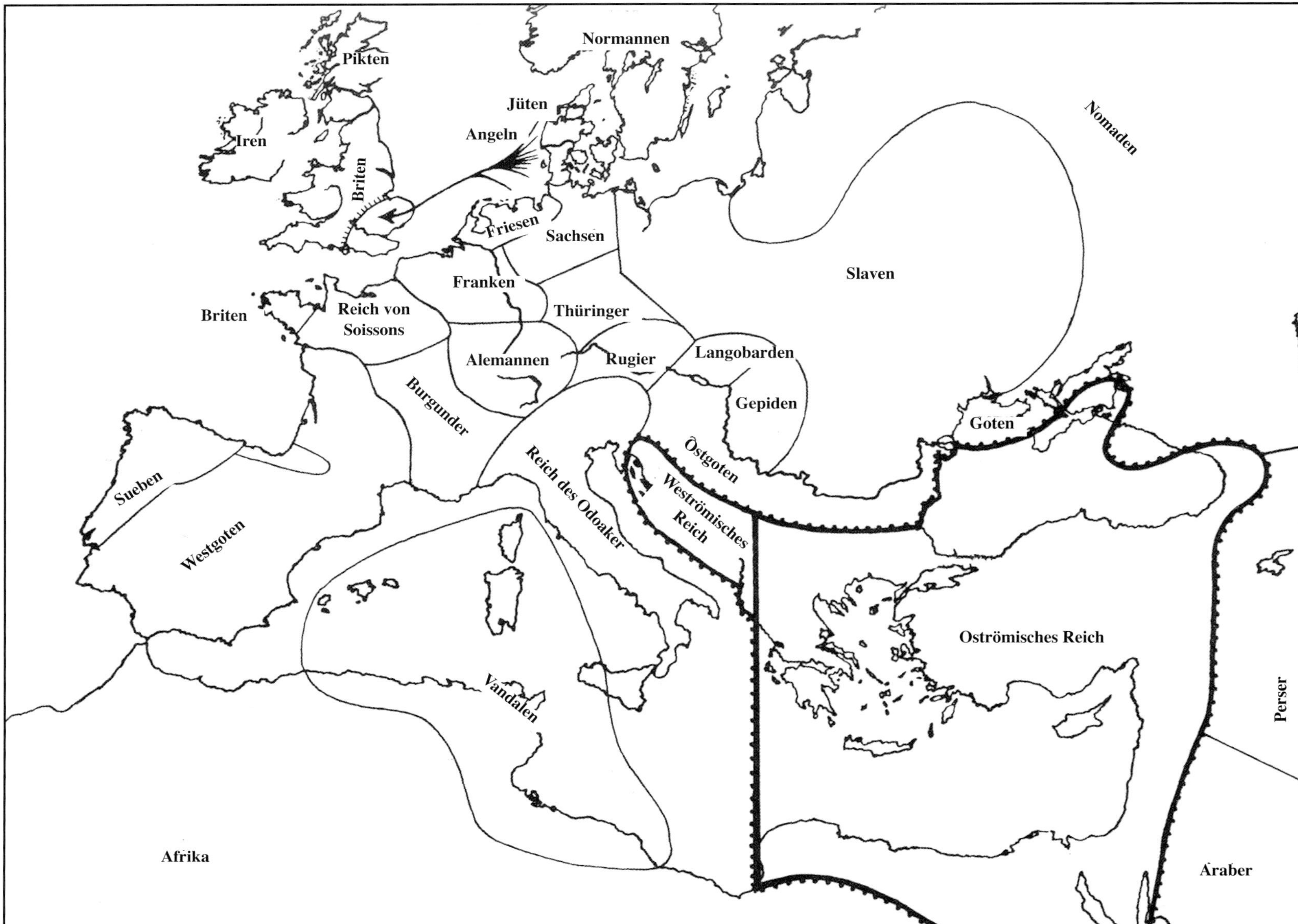
Normannen
Pikten
Jüten
Iren
Angeln
Briten
Nomaden
Friesen
Sachsen
Slaven
Franken
Briten
Reich von
Soissons
Thüringer
Alemannen
Rugier
Langobarden
Burgunder
Gepiden
Goten
Ostgoten
Reich des Odoaker
Weströmisches
Reich
Sueben
Westgoten
Oströmisches Reich
Vandalen
Perser
Afrika
Araber

Zwei eiserne Speerspitzen und eine *angon*-Spitze aus Astwick, Bedfordshire. *(Britisches Museum)*

B: Daker, 2. Jh. n. Chr.

Der Häuptling B1 trägt einen phrygischen Bronzehelm, einen Schuppenpanzer aus Eisen, einen schwarzen Wollkittel und eine Hose mit rot-weißen Stickereien an Saum und Unterschenkeln. Den einfachen karierten Wollmantel würde er wahrscheinlich vor dem Kampf ablegen. Unifarbener Mantel oder Fischgrätenmuster sind ebenfalls vorstellbar. Dakische Schilde auf der Trajanssäule sind oval und die auf den Sockel der Säule gemeißelten Exemplare verdeutlichen, wie groß und reich verziert sie waren. Ein bei Pietra-Rosie in Rumänien gefundener Schild, der bisher nicht der Öffentlichkeit zugänglich ist, trägt Pflanzenmotive und das Konterfei eines Keilers in der Mitte. Varianten dakischer Schilde sind auf dem Siegesrelief auf dem Trajansforum zu finden, das man nun am Konstantinsbogen bewundern kann: Ein von einem abgesessenen prätorianischen Reiter getragener Schild ist rechteckig und mit blumenartigen Mustern versehen; eine andere, sechseckige mit vier keltischen *carnyces* und Halsreifen verzierte Variante wird von einem Daker getragen.
Der abgesessene dakische Reiter B2 trägt einen gefransten Umhang, der von einer silbernen Ringbrosche zusammengehalten wird, einen naturfarbenen Leinenkittel sowie an Saum, Knöcheln und Unterschenkeln mit roten und schwarzen Stickereien verzierte Hosen. Seine Waffen sind eine über 2,10 Meter lange Lanze und ein langes bronzenes La-Tène-Schwert, das an einem mit Bronze beschlagenen Hüftgürtel hängt. Derartige Waffen wurden vermutlich noch von keltischen Schmieden in Osteuropa gefertigt. Sein Pferd ist von höherer Qualität als das in Abbildung A1 gezeigte.
Der dakische Stammeskrieger B3 trägt cremefarbene Hosen, die gelegentlich mit Bändern aus schwarzen Strickmustern verziert wurden. Bei der zweihändigen Waffe handelt es sich um die mörderische *falx*, eine eiserne Kampfsichel mit der Klinge auf der Innenseite der Krümmung. Die *falx* sowie die ähnliche, aber einhändige *sica* waren urtümliche Waffen der thrakischen Völker im Allgemeinen und wurden von Teilen der Infanterie aller thrakischer Gruppen verwendet.

C: Die Markomannen und Quaden, 1. – 2. Jh. n. Chr.

Diese Zeichnungen stellen die politisch am weitesten entwickelte und geschlossenste Gruppe von germanischen Stämmen aus dem 1. und 2. Jahrhundert n. Chr. dar. Sie lebten in engem Kontakt mit den Römern und waren folglich starken mediterranen Einflüssen ausgesetzt. Der Häuptling C1 trägt einen Bronzehelm, der in realistischem Detail auf dem Sarg eines spätantoninischen Generals im Museo Nazionale delle Terme in Rom zu sehen ist. Hier wird er als römischer Kavalleriehelm gezeigt, der mit einem Fabeltierkopf versehen ist, um dem germanischen Geschmack zu entsprechen. Es könnte sich dabei in Wirklichkeit um einen Kavallerie-Zierhelm handeln, der normalerweise mit einer dreiteiligen, hier entfernten, Gesichtsmaske ausgestattet war. Sein Kettenpanzer ist aus Eisen und könnte aus einheimischer Herstellung stammen. Dass keltische Handwerker im *barbaricum* weiterhin Waffen herstellten, ist sehr wahrscheinlich. Der ovale Schild verfügt über Einkerbungen an Ober- und Unterkante. Diese Form und eine zweilappige Art scheinen eine Eigenart dieser suevischen Germanen gewesen zu sein, allerdings verwendeten sie ebenfalls runde und sechseckige Schilde. Das Schwert verfügt über einen Knauf in Adlerform und ist römischer Herkunft (es gab einen beträchtlichen grenzüberschreitenden Handel mit im Römischen Reich gefertigten Waffen).
Der Krieger aus der Oberschicht C3 trägt zwei Kittel aus Wolle und die üblichen Hosen. Die kurzen Ärmel des äußeren Kittels könnten oberhalb des Saumes teilweise mittig eingeschnitten worden sein, wie an Skulpturen auf dem Sarkophag eines Generals zu sehen, der diese Stämme an der mittleren Donau bekämpfte. Das Haar ist zu einem „Suebenknoten“ über der rechten Schläfe zusammengebunden. Seine Bewaffnung besteht aus einem einheimischen Schwert an einem ledernen Bandelier und einer Streitaxt. Sowohl C2

als auch C3 hätten den Umständen entsprechend zu Fuß oder zu Pferde kämpfen können. C1 ist ein gewöhnlicher Stammeskrieger; er trägt Kleidung aus grober Wolle und ein warmes Wams aus Fell oder Vlies. Bewaffnet ist er mit einem Wurfspeer, einem Sax und einem Schild nach altem Muster. Um den Hals trägt er eine Doppelkette aus Bernstein- und Meerschaumperlen. Die Kreuzschnürung an den Beinen kann nicht mit absoluter Sicherheit dieser frühen Zeit zugeordnet werden, jedoch wurden in den nördlichen Mooren mehrere gut erhaltene Körper aus der keltischen und römischen Eisenzeit gefunden, die diese Muster aufweisen (beispielsweise der Fund aus dem Rendswührer Moor aus dem Jahr 1871). Die Fellschuhe basieren auf einem Fund im Fraeer Moor in Jütland. Sie wurden aus zwei Schichten angefertigt, mit dem Fell sowohl auf der Innenseite der inneren Schicht als auch auf der Außenseite der äußeren Schicht. Im Hintergrund ist eine Dracostandarte, ein hohler Tierkopf aus Bronze mit einem „Windsack“ aus farbigem Stoff, zu sehen.

D: Schwerer gotischer Kavallerist und Infanterist, 4. Jh. n. Chr.

Im Kampf würde der Reiter D1 neben seinem langen sarmatischen Schwert eine lange Lanze und eine Reihe kürzerer Wurfspeere tragen. Sein spätrömischer Kavalleriehelm ist aus Eisen mit Kupfergold-Beschlag. Sein Panzer ist aus vergoldetem Eisen und sein Umhang wird von einer Brosche aus Eisen und Gold zusammengehalten. Die Kleidung wurde häufig an den Säumen und Handgelenken mit Fell oder Stickereien verziert. Leinenkittel waren gelegentlich am Oberarm, am Hals und Rand gemustert. Der runde, leicht gewölbte Schild hat einen römischen Eisenbuckel. Das Geschirr des etwa 1,6 Meter großen Pferdes ist mit Eisen und Bronze beschlagen und die Sattelbögen sind mit gestanzten Bronzeplatten bedeckt, wie sie in zahlreichen gotischen Gräbern gefunden wurden. Der Infanterist D2 trägt zwei Kittel, wobei der obere mit Fell gefüttert ist. Stickereien oder Formen wie Bänder, einfache geometrische Motive oder „Zotteln“ können (nach römischen Miniaturen zu schließen, die vermutlich gotische Einflüsse zeigen) verwendet worden sein. Schilde waren ebenfalls mit geometrischen Formen in den Grundfarben verziert. (Man beachte, dass wir in dieser und anderen Abbildungen Gegenstände wie Schwerter absichtlich in unrealistischen Winkeln abbilden, um eine detailliertere Darstellung möglich zu machen.)

E: Gotische Krieger, 4. Jh. n. Chr.

Die Fußsoldaten E1 und E3 tragen verschiedene Arten von Kleidung aus Wolle und Leinen. Einige trugen wahrscheinlich reich mit Brokat oder Fell umsäumte Kittel. Dieses nomadische Kriegervolk überrannte verschiedene Feinde (Slawen, Sarmaten, Römer) und es ist davon auszugehen, dass sie dabei gewisse Beutestücke angesammelt haben. Tätowierungen von Gesicht, Armen und Brust sind möglich. Ihre Waffen reichten von Wurfspeeren, längeren Lanzen, über Saxen, Langschwerter und Streitäxten bis hin zu Bögen. Der abgebildete Bogen ist etwa 168 cm lang und verfügt über Bronzespitzen. Die Pfeile, die zum Teil Rüstungen durchdringen konnten, waren etwa 90 cm lang. Die Schilde waren rund oder oval, mit Eisenbuckel, und einige trugen wahrscheinlich geometrische Muster. Der ungepanzerte Reiter, E2, trägt eine Lanze, mehrere Wurfspeere und ein langes einschneidiges Schwert. Die „gezottelte“ Verzierung des Kittels stammt von römischen Miniaturen. Der ovale zwischen 75 und 90 cm lange Schild hat einen Armriemen in der Mitte und einen Griff in der Nähe der Kante. Man beachte die hölzernen Steigbügel.

F: Fränkische Krieger, 5. Jh. n. Chr.

Waffen, die insbesondere mit den Franken verbunden werden, waren der Angon, ein Wurfspeer mit langem Eisenschaft, der vermutlich seinen Ursprung im römischen *pilum* hatte, und die *francisca*, eine Wurfaxt mit scharfem Kopf. Die Schilde haben vorstehende, entweder spitze oder gewölbte Buckel, oder gewölbte Buckel mit „Knopf“. Man beachte die charakteristische Haartracht mit geflochtenen Zöpfen an den Seiten, Knoten auf der Schädeldecke und rasiertem Hinterkopf. In den Schriften von Sidonius Apollinaris, einem gallo-römischen Augenzeugen der fränkischen Invasion Galliens im 5. Jh., werden in hellen Farben gefärbte, gestreifte Kittel und Fellgürtel mit eingesetzten Buckeln erwähnt. Er schreibt auch von grünen, rot umsäumten Umhängen, die Knappheit an in Gräbern gefundenen Broschen deutet jedoch darauf hin, dass Umhänge nicht sehr geläufig waren. Franken und Gallier standen schon einige Zeit vor der Invasion im 5. Jh. in engem Kontakt, daher wird angenommen, dass die fränkische Kleidung vom gallischen Still beeinflusst wurde.

Angelsächsisches Eisenschwert aus dem 5. bis 8. Jahrhundert n. Chr. *(Britisches Museum)*

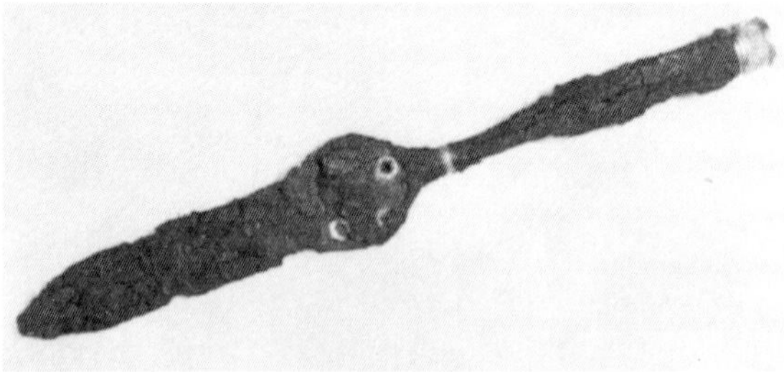

Eine reich verzierte Eisenspeerspitze mit Bronze-Intarsien aus Great Chesterfield. *(Britisches Museum)*

G: „Angelsachsen", 5. Jh. n. Chr.

Die sogenannten „angelsächsischen" Eindringlinge und Angreifer in Britannien im 4. und 5. Jh. waren nicht alle Angeln, Sachsen und Jüten. Unter den ankommenden Westgermanen waren ebenso Friesen, Franken und vermutlich Alemannen, sowie etliche Wenden, ein slawisches Volk, vertreten. Diese Abbildungen zeigen Vertreter dreier Gesellschaftsgruppen, die bereits zur Zeit von Tacitus im 1./2. Jh. vorhanden waren. Der Häuptling G1 trägt einen Helm aus einer späteren Epoche der sächsischen Geschichte (der Benty-Grange-Fund wurde auf das 7. Jh. datiert, 200 Jahre nach der Besiedlung des östlichen Britanniens). Er basiert auf dem sogenannten Spangenhelm. Diese Art mehrteiliger Helme wurde in Europa vom 3. bis zum 12. Jh. verwendet, somit ist sein Auftauchen hier nichts Ungewöhnliches. Sein eiserner Rahmen enthielt ursprünglich eine Art gepolsterte Kappe. Die Lücken im Rahmen wurden mit Platten aus Horn ausgefüllt, wodurch er milchig grau-grün wirkt. Der Helm wird von einem Leim aus Horn und Huf, sowie Silbernieten in Form einer Scheibe und einer Doppelaxt zusammengehalten. Ein kleines Silberkreuz oder „Hammer des Thor" ist am Nasenschutz angebracht, und als Helmspitze trägt er einen kleinen, mit vier Reihen von Goldperlen verzierten Keiler mit silbernen „Gamaschen" in jeder Ecke, der auf einer gebogenen Platte befestigt ist, die wiederum auf das mittlere Eisenband genietet ist. Der Kettenpanzer weist nach einer Exkursion Spuren von Rost auf (der Sklave des Häuptlings würde ihn zweifelsohne stundenlang mit Tierfett polieren und einfetten). Das reich verzierte Schwert hängt an einem mit einer kunstvollen Bronzeschnalle geschlossenen Bandelier. Im Kampf würde der Krieger zusätzlich Speere tragen. Der spitze Schildbuckel wurde als Angriffswaffe eingesetzt. Die Wollkleidung war häufig an Saum und Handgelenken verziert.

Der besser ausgerüstete Krieger, G3, ist Teil der Kriegsbande des Häuptlings. Neben seinem *angon* würde er eine *francisca* und ein kurzes einschneidiges Messer tragen, den *sax*. Sein großer ovaler Schild hat einen runden gewölbten Eisenbuckel. Er trägt einen „Hammer des Thor" an einem Halsband und seine Kleidung ist von besserer Qualität als die des gewöhnlichen Kriegers/Bauern G2, der schlichte Wollkleidung trägt. In einer Schlacht wäre er normalerweise mit einer Lanze, sowie dieser einhändigen Axt und einem Gürtelmesser bewaffnet.

H: Germanische Soldaten aus der Römischen Armee, 4. – 5. Jh. n. Chr.

H1 und H3 stellen die germanischen Eliteregimenter dar, die von Konstantin dem Großen eingeführt wurden und als *Auxilia Palatina* (Hofarmee) bekannt wurden. H2 ist ein Wächter der germanischen Leibgarde des Kaisers (*Germani Corporis Custodes*) und ist für den Dienst im Palast gekleidet. Die Kleidung dieser Zeit scheint im Allgemeinen reich verziert gewesen zu sein. Die zivile Mode im römischen Reich war der barbarischen Vorliebe für verzierende Stickereien und Applikationsstickereien gefolgt. Belege für äußerst dekorative Militärkleidung können auf spätrömischen Mosaiken, Basreliefs, Steintafeln und in Manuskripten gefunden werden. Ledergürtel mit kunstvollen Eisenbeschlägen halten Langschwerter, die einen Vergleich sowohl mit antiken keltischen Arten als auch dem römischen Kavallerieschwert, dem *spatha*, nahelegen. Mit dem Rückgang der Bedeutung der Infanterie verlor der alte *gladius* der Legionäre offensichtlich gegenüber dieser Waffe an Bedeutung. An der Innenseite der großen ovalen Schilde scheinen kurze, befiederte Wurfspeere von circa 30 cm Länge und mit einem ovalen Bleigewicht am Schaft befestigt gewesen zu sein.

Zwei Ringschwerter aus Faversham, Kent. *(Britisches Museum)*

Feinde Roms

Teil 2: Die gallischen und britischen Kelten

ZEITTAFEL

3000 v. Chr. Nomadische indogermanische Krieger beginnen mit der Besiedelung großer Teile Europas. Sie lassen sich im Norden zwischen jungsteinzeitlichen Bauern und altsteinzeitlichen Jägern nieder.

1800 v. Chr. Erste Protokelten bewegen sich nach Westeuropa.

1600 v. Chr. Protokelten dominieren die britischen Inseln und die Atlantikküste der iberischen Halbinsel.

1200 v. Chr. Eine neue keltische Kultur entsteht. Sie ist nach den Urnenfeldern benannt, die in den keltischen Siedlungsgebieten Mitteleuropas gefunden wurden.

1000 v. Chr. Die „Urnenfelderkultur" breitet sich auf Kosten der früheren „Hügelgrabkultur" der Protokelten aus und besetzt den Großteil Frankreichs.

800 v. Chr. „Urnenfelder"-Kelten beginnen sich auf der iberischen Halbinsel auszubreiten. Skythen dringen in Europa ein. Die illyrische Hallstatt-Kultur entsteht.

670 v. Chr. Die Iberer in Ost-Spanien werden von den „Urnenfelder"-Kelten überrannt. In den keltischen Donau-Regionen wird Eisenverarbeitung betrieben. Eisenwaffen tauchen in den keltischen Wagengräbern in Böhmen und Süddeutschland auf.

600 v. Chr. Unter den Kelten Mitteleuropas entsteht die eisenzeitliche Hallstatt-Kultur. Die spanischen Kelten dringen auf das zentrale iberische Plateau vor. Die Iberer erlangen im Norden und Osten wieder Unabhängigkeit, wodurch die Verbindung zwischen den spanischen und gallischen Kelten dies- und jenseits der Pyrenäen unterbrochen wird. Keltischer Handel mit den Griechen und Etruskern nimmt zu.

500 v. Chr. Hallstatt-Kelten beginnen sich auf dem britischen Festland auszubreiten.

400 v. Chr. Die erste Phase der eisenzeitlichen La-Tène-Kultur beginnt. Antike Geschichtsschreiber erlangen Kenntnis von den La-Tène-Kelten und nennen diese „Gallier". Die Gallier überqueren die Alpen und strömen in die Po-Ebene herab. Nord-etruskische Siedlungen werden ausgelöscht. Latium wird erobert und Rom geplündert.

368 v. Chr. Gallische Söldner werden in der Armee von Syrakus eingesetzt.

341 v. Chr. Die Römer besiegen die Gallier in Latium.

285 v. Chr. Die Römer erobern den Ager Gallicus

279 v. Chr. Entstehung einer insularen La-Tène-Kunstrichtung in Großbritannien. Gallier erobern Makedonien, Griechenland und Thrakien. Drei Stämme überqueren den Hellespont und dringen nach Zentral-Anatolien vor, welches zu „Galatien" wird.

274 v. Chr. Gallische Krieger in griechischen, ägyptischen und anderen Armeen des Nahen Ostens.

264-241 v. Chr. Keltische Krieger kämpfen im Ersten Punischen Krieg.

240 v. Chr. Attalos besiegt die Gallier Kleinasiens („Galater").

225 v. Chr. Die Gallier der Po-Ebene und Elitekämpfer aus dem gesamten Alpenraum werden bei Telamon in der Toskana besiegt. Die gallische Expansion beginnt zu schwinden. La-Tène-Kelten (Gallier) dringen nach Britannien vor. Viele Gallier stehen in Diensten der Karthager.

218 v. Chr. Kelten sind am Zweiten Punischen Krieg als Alliierte von Karthago beteiligt. Ihr Einfluss in Italien geht zurück.

125 v. Chr. Römische Eroberung Südgalliens.

118 v. Chr. Die Kimbern, ein keltischer Stamm aus der mittleren Donauregion, greifen Noricum an.

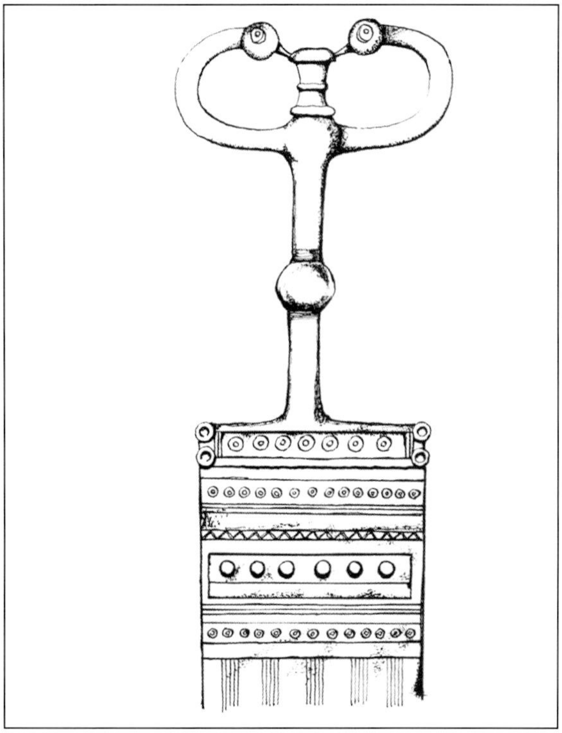

Griff und Scheide eines Bronzedolches unbekannter Herkunft aus der späten Hallstatt-Zeit (6. Jh. v. Chr.)

113 v. Chr.	Krieg zwischen den Römern und den spanischen Kelten („Keltiberern").
105 v. Chr.	Kimbern und Teutonen besiegen die römischen Truppen bei Orange.
102-101 v- Chr.	Römische Truppen vernichten die Kimbern und Teutonen.
100 v. Chr.	Belgische Gallier beginnen in den Süden Britanniens zu ziehen.
58 v. Chr.	Beginn der endgültigen Unterwerfung Galliens.
55-54 v. Chr.	Römische Truppen erkunden das südliche Britannien.
52 v. Chr.	Vercingetorix führt einen großen Gallier-Aufstand an, der von Cäsar bei Alesia niedergeschlagen wird.
9 n. Chr.	Nordgermanische Stämme vernichten drei römische Legionen im Teutoburger Wald.
43 n. Chr.	Römische Invasion von Süd-Britannien.
61 n. Chr.	Britischer Aufstand, angeführt von Boudicca, Königin der Icener.
69 n. Chr.	Vollständige Romanisierung des südlichen Britanniens.
84 n. Chr.	Römische Truppen besiegen die Kaledonier im nördlichen Britannien.

EINLEITUNG

Der militärische Aufstieg der keltischen Krieger nördlich der Alpen kam zu einem Ende, als das keltische „Reich" unter dem Druck der unnachgiebigen Feldzüge Julius Cäsars stückweise zerfiel. Bis dahin hatte das keltische Reich aus einem großen, locker verknüpften anarchischen Bund bestanden, der sich von der Atlantikküste der Britischen Inseln über Mitteleuropa bis zum Schwarzen Meer erstreckte.

Die Begräbniskleidung eines nordeuropäischen Kriegers der Bronzezeit, die vollständig erhalten in einem Eichensarg gefunden wurde. Das Material ist eine Mischung aus Wolle und Hirschhaar. Das Bronzeschwert stammt aus einem Eichensarg bei Borum Eshoj. In einer hölzernen Scheide hing es an einem langen Bandelier, wodurch es auf dem Boden schleifte, wenn es nicht gehalten wurde. Diese Begräbnisstätten, die sogenannten Hügelgräber, sind Merkmal einer kriegerischen Gruppe, die bis nach Dänemark vordrang. Unter ihnen waren wahrscheinlich protokeltische Häuptlinge.

Aufeinanderfolgende Wellen kriegerischer indogermanischer Stämme hatten dafür gesorgt, dass Europa um 1000 v. Chr. hauptsächlich von kriegerischen Bauern bevölkert wurde. Hellenische Stämme besiedelten Griechenland, Thraker waren in die Gebiete nördlich davon gezogen, italische und keltische Stämme lebten in Italien, Kelten auf den Britischen Inseln, in Spanien und Mitteleuropa, Teutonen bewohnten den Großteil von Skandinavien sowie die Küstengebiete Nordwesteuropas, in den nordöstlich angrenzenden Gebieten siedelten die Slawen und Balten.

Etwa zu dieser Zeit fingen die „Urnenfelder"-Kelten an, von der oberen Donauregion aus nach Westen zu expandieren. Um 800 v. Chr. hatte sich die Urnenfelderkultur zudem nach Osten bis zur ungarischen Puszta und nach Südwesten bis vor die Tore Spaniens ausgebreitet. Im frühen 8. Jahrhundert vor Christus hatte sie die östlichen Pyrenäenpässe überquert und war entlang des Mittelmeers weit in das Landesinnere vorgedrungen.

Die „Urnenfelder"-Kelten zu Beginn des 6. Jahrhunderts v. Chr. waren Teil der illyrischen Eisenzeitkultur, die von neuzeitlichen Archäologen nach dem Fundort des ersten großflächigen Friedhofes benannt wurde, der zu einer reichen Gemeinschaft von Salz-Bergbauern gehörte: Hallstatt. Diese österreichische Stadt, in der die ersten Ausgrabungen im 19.

Zeichnung eines ausgegrabenen Streitwagengrabes eines gallischen Häuptlings bei Somme-Bionne, Marne, aus dem 19. Jh. Das Skelett liegt zwischen zwei versenkten Wagenrädern und ist umgeben von den Überresten eines Schwerts, Riemenhaken, Gürtelplatten, Messern und Lanzenspitzen. Eine Umhang-Fibel liegt an seiner Schulter und ein Weinglas zu seinen Füßen. In einem Graben, der durch einen schmalen Kanal mit der Hauptkammer verbunden ist, liegen die Überreste zweier Pferdegeschirre. *(British Museum)*

Jahrhundert stattfanden, liegt in der Nähe von Salzburg an einem Seeufer.

Das meiste, was wir über die keltische Kultur wissen, entstammt den ergiebigen Fundstellen früher Begräbnisstätten in Bayern, Böhmen und Oberösterreich. Diese fürstlichen Grabstätten enthielten jeweils einen Wagen, bzw. seine Einzelteile, auf den ein Leichnam gebettet war, dazu ein Eisenschwert und eine Eisenlanze, eine üppige Auswahl an Tonwaren, gelegentlich auch Kessel, sowie Rinder- und Schweineknochen. Manche Gräber enthielten Bügel, Zaumzeug und Bronzeteile für die zwei Wagenpferde sowie für ein drittes Pferd, vermutlich das Reitpferd. Das gesamte Grab war gewöhnlich in eine längliche hölzerne Kammer eingefasst und von einem Erdhügel bedeckt.

Gegen Ende der „Hallstatt-Zeit" wurde der Begräbniswagen zu einem zweirädrigen Streitwagen. Die zentralen Fund-

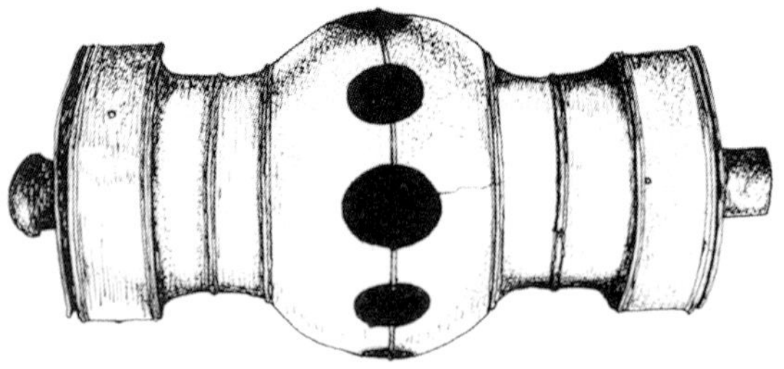

Bronzehülle einer Radnabe von einem vierrädrigen Wagengrab bei Viz im Burgund aus dem 5. Jh. v. Chr. Eine solche, relativ weit entwickelte Gussweise für ein Teil eines Nutzfahrzeugs deutet auf einen hohen Grad an technischer Fertigkeit hin. Es sind diese Funde, die auf den ersten Blick viel weniger spektakulär wirken als Waffen und Schmuck, die uns aber daran erinnern, dass die Kelten weit davon entfernt waren, die Wilden zu sein, als die sie von manchen klassischen Geschichtsschreibern dargestellt wurden.

orte dieser Beisetzungen weisen mit sinkendem Alter eine starke geographische Tendenz in Richtung Westen auf, was auf eine allgemeine Bewegung einer „königlichen" Gruppe keltischer Krieger nach Westen schließen lässt. Krieger, die auf diese Weise bestattet wurden, hatten im 3. Jahrhundert Britannien erreicht.

Mit Beginn der „La-Tène"-Kultur kamen die Gallier in den keltischen Gebieten auf. Die Kelten bezeichneten sich selbst als „Celtae", die Griechen kannten sie als „Keltoi", die Römer nannten sie „Galli" oder „Galatae", erkannten aber auch die anderen Bezeichnungen an. Die frühen griechischen Geschichtsschreiber fassten die Kelten und die Germanen unter dem Begriff „unberittene Skythen" zusammen. Dies ist, neben dem römischen „Galli" (Gallier), der Begriff, mit dem die meisten „La-Tène"-Kelten assoziiert werden.

Die erste Phase der keltischen La-Tène-Eisenzeit lässt sich grob durch eine starke Ausbreitung der Gallier nach Italien, Osteuropa, Frankreich, Dänemark und die Britischen Inseln charakterisieren. Gallische Siedlungen in Norditalien konzentrierten sich in der oberen Po-Ebene und entlang den Nebenflüssen des Po. Die Gallier strömten durch die Bergpässe und radierten die Infrastruktur der nordetruskischen Gesellschaft regelrecht aus. Zu diesem Zeitpunkt hatten die lang andauernden Handelsbeziehungen zwischen den Galliern und den Etruskern diesen klare Anzeichen dafür liefern können, dass die etruskische Gesellschaft zu zerfallen begonnen hatte.

Archäologische Funde belegen, dass diese Eindringlinge aus Gebieten in der Schweiz und in Süddeutschland stammten. Die Stämme, die über das zentrale Alpenmassiv gekommen waren, wurden von den Insubrern angeführt, die sich in der Umgebung von Mediolanum, dem heutigen Mailand, niederließen. Ihnen folgten die Laer, Lebekier, Genomanen und Anaren, die die Lombardei besiedelten. In späteren Einwanderungswellen kamen vor allem Boier und Lingonen, die

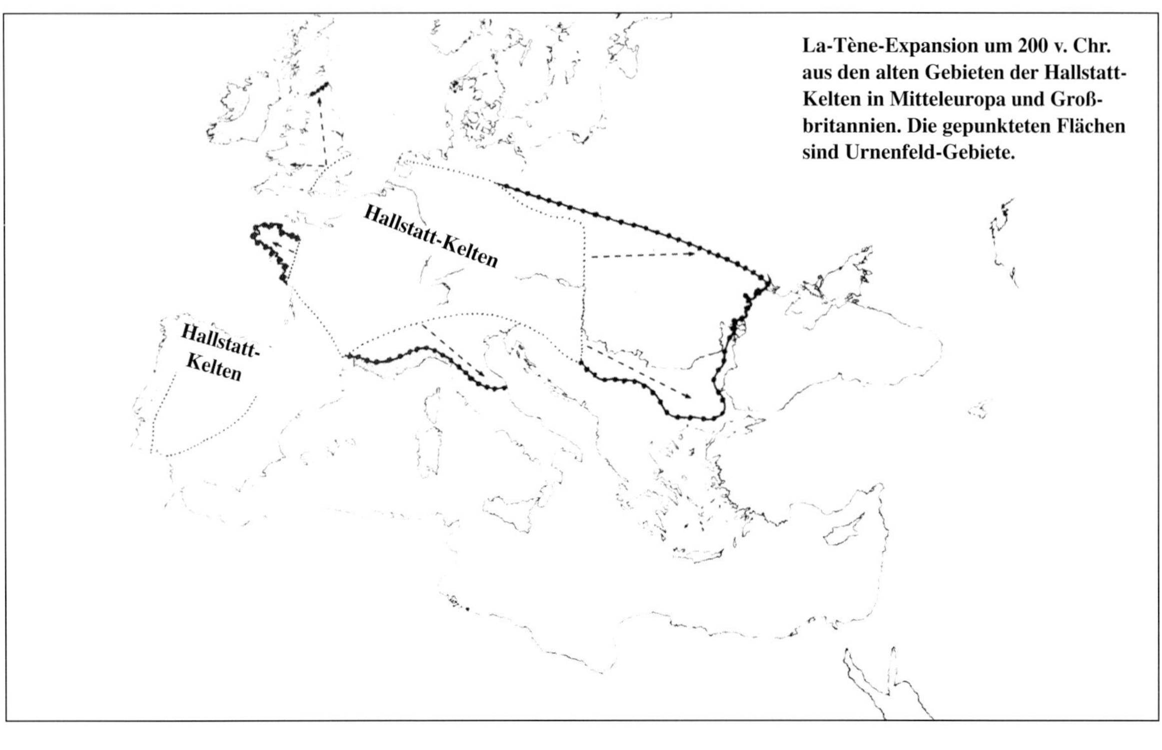

La-Tène-Expansion um 200 v. Chr. aus den alten Gebieten der Hallstatt-Kelten in Mitteleuropa und Großbritannien. Die gepunkteten Flächen sind Urnenfeld-Gebiete.

die neuen gallischen Gebiete durchquerten und ein eigenes Gebiet in der Emilia fanden. Als letztes trafen die Senonen ein, die ärmere Landstriche entlang der Adriaküste Umbriens erschlossen.

Schnell umherziehende, plündernde Erkundungsgruppen leichtbewaffneter Krieger drangen tiefer auf die Halbinsel vor. Die Hauptarmeen und die Karawane der Familien folgten ihnen durch die Hauptsiedlungsgebiete. Der römische Einfluss in Südetrurien wurde zeitweise durch einfallende Gallier gebrochen. Dafür gelang es den Römern im Zuge des darauf folgenden Durcheinanders jedoch, die etruskische Macht und deren Einfluss auf ihre italischen Verbündeten zu beseitigen. Obwohl es den Etruskern nicht an Mut fehlte, schafften sie es nie, eine erfolgreiche Technik zum Umgang mit den gallischen Kriegern zu entwickeln, weswegen die etruskischen Bürger aus den nördlichen Gebieten begannen, weiter nach Süden zu ziehen. Etruskische Kultur und Geschichte wurden schließlich ganz von der im Süden angrenzenden und erstarkenden Römischen Republik absorbiert.

Im Jahr 390 v. Chr. fand in der etruskischen Stadt Clusium ein Treffen zwischen einer römischen Gesandtschaft und den Senonen statt. Die Römer, drei patrizische Gesandte, waren von den beunruhigten Bürgern der Stadt gebeten worden, im Umgang mit den Barbaren als Vermittler aufzutreten. Im Verlauf der Verhandlungen kam es zu einem Disput, in dem einer der gallischen Anführer tödlich verwundet wurde, woraufhin die Römer überstürzt abreisten. Als Vergeltung forderten die Gallier die Herausgabe aller drei Patrizier. Die römischen Autoritäten verweigerten dies und warteten die Reaktion der Barbaren ab, selbstbewusst und in dem Glauben, dass sie mit ihnen umgehen können würden. Daraufhin brachen die Gallier ihre Zelte ab und marschierten gen Süden. Die etwa 15.000 Mann starke römische Armee, die ausgesandt worden war, um den Weg nach Rom zu versperren, wurde 17 km nördlich der Stadt, am Zusammenfluss von Allia und Tiber, aufgerieben. Drei Tage nach der Schlacht fielen die Gallier in Rom ein und brannten große Teile der Stadt nieder. Im Senat wurden Senatoren hingemetzelt. Viele Bürger wurden gerettet, als schnatternde Gänse bei einem nächtlichen Angriff der Gallier auf das Kapitol, wo sie Zuflucht gesucht hatten, Alarm schlugen. Für das Verlassen der Stadt forderten die Barbaren große Mengen Goldes. Bei der Auswägung soll der Anführer der Gallier, Brennus, sein Schwert mit in die Waagschale geworfen haben, mit den Worten „vae victis“ – „Wehe den Besiegten“.

Zweifellos hinterließ die Eroberung, Besetzung und Plünderung der Stadt ein unauslöschliches Trauma im Gedächtnis des römischen Volkes. Wir können nur vermuten, welchen Anteil die Erinnerung an dieses Ereignis am gnadenlo-

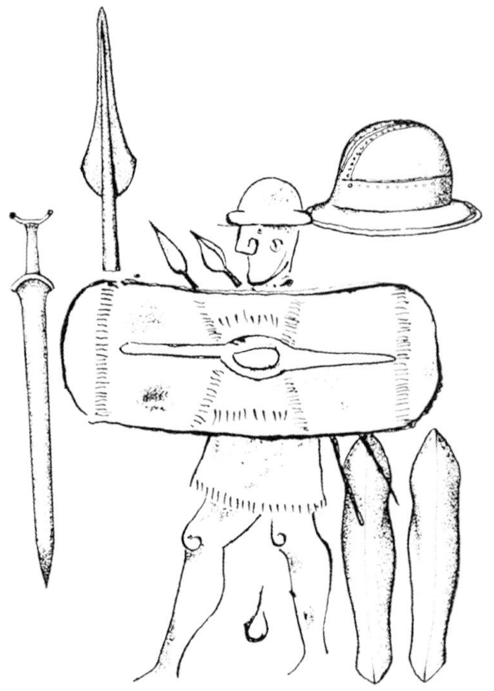

Zeichnung einer der Figuren, die auf die Oberfläche eines Bronzeeimers aus dem 5. Jh. v. Chr. geprägt wurden, der bei Certosa in Norditalien gefunden wurde. Mit hoher Wahrscheinlichkeit stellt er einen keltischen Krieger dar. Sein Schild ist ein keltischer Typ und die Form seines Helms war in den keltischen Gebieten Norditaliens und Süd- und Mitteleuropas verbreitet. Ihn umgeben Zeichnungen von Waffen und Rüstung aus einem späten Hallstatt-Streitwagengrab bei Cesto Calende in Norditalien aus dem 6. Jh. v. Chr.: Ein eisernes Schwert mit Griff-„Antennen“, das in einer Bronzescheide gefunden wurde, eine eiserne Lanzenspitze, bronzene Beinschienen und ein breitrandiger Bronzehelm mit einer Kamm-Kerbe.

sen Umgang mit den Kelten in den darauf folgenden Kriegen hatte. Wiederholt im Kampf geschlagen, wurden regelrechte Massaker an den Galliern durchgeführt, die durchaus die vielzitierte Bezeichnung „Völkermord“ verdient hätten.

Diese unerbittliche Feindseligkeit blieb bestehen, bis die Gallier und Briten schließlich in das Römische Reich eingegliedert wurden. (Trotzdem darf nicht unerwähnt bleiben, dass viele Kelten von frühester Zeit an Einlass in die römische Armee fanden.)

Die Kelten verfügten über viele beeindruckende Fähigkeiten, auf Grund derer der Geschichtsschreiber Ephorus sie im 4. Jahrhundert (neben den Persern, den Skythen und den Libyern) zu den vier großen Barbarenvölkern der bekannten Welt zählte. Die technischen Fertigkeiten der Kelten, insbesondere die Kunstfertigkeit bei der Metallverarbeitung, waren von höchster Güte. Erhaltene Artefakte zeugen von einer abstrakten künstlerischen Vorstellungskraft von atemberaubender Schönheit. Sie liebten die Zurschaustellung sowohl von materiellem Reichtum und Schmuck, mit ihrer farbenfrohen Kleidung sowie den Halsmanschetten und Armreifen aus wertvollen Materialien, die die Anführer und Krieger zierten, als auch die Zurschaustellung von menschlichen Qualitäten, wenn sie mit ihren Ahnen oder mit Stärke und Heldenmut prahlten. Sie brüllten Beleidigungen und Kampfansagen über das Schlachtfeld. Bei ihren großen Festgelagen gerieten sie ebenso leicht in Gelächter wie in Rage. Leicht konnten ihre Gemüter von tiefer Melancholie in heftige, ungezügelte Wutausbrüche umschlagen.

Erstaunliche Beispiele von Treue bis in den Tod gingen Hand in Hand mit Erzählungen von hinterlistigem Verrat. Blutfehden waren an der Tagesordnung und der Kopfjagd-Kult spielte in ihrem Verständnis von Krieg und Übernatürlichem eine wichtige Rolle. Die Kelten waren ein Volk, das feinste Goldarbeiten herstellte, emaillierte Fibeln, Werkzeuge und Waffen von fast unerreichter Qualität, und zugleich ein Volk, dessen finsteres Glaubenssystem ihnen erlaubte, entsetzliche Grausamkeiten an hilflosen Gefangenen zu begehen. Sie waren ein widersprüchliches, ungestümes, dynamisches und sehr auf Äußerlichkeiten bedachtes Volk, dessen Blut untrennbar mit dem der Einwohner der Britischen Inseln und von Nordwest-Europa vermischt ist.

Waffen aus dem Grab eines keltischen Kriegers, das in Rumänien gefunden wurde, aus dem 3. Jh. v. Chr. Bronzehelm, eiserne Lanzenspitzen, Eisenschwert in einer Bronzescheide, Eisendolch in einer Bronzescheide, Eisen-„Säbel“. Das Schwert wurde absichtlich unbrauchbar gemacht (in zwei Teile gefaltet), bevor es vergraben wurde.

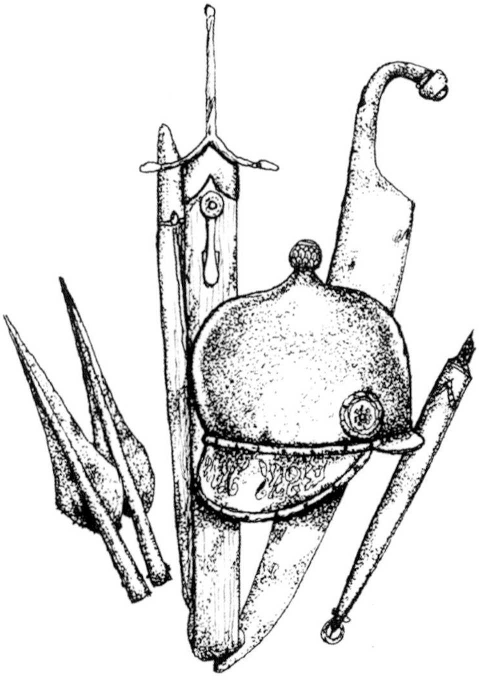

DER KRIEGER

Viele Experten sind der Meinung, dass die Verbreitung der Kelten nicht mit einer bestimmten ethnischen Gruppierung verbunden ist, und dass das Wort „keltisch“ nur als linguistischer Begriff Bestand hat. Andere glauben, dass zahlreiche Knochenfunde dem widersprechen, weil alle keltischen Überreste die gleichen nordischen Charakteristiken aufweisen wie ihre Nachfahren.

Die für südeuropäischen Augen unvergessliche Erscheinung der keltischen Krieger (ihre Größe, die weiße Haut, der muskulöse Körperbau, das helle Haar und die blauen Augen) deutet auf eine besonders starke Konzentration dieser physischen Eigenschaften in der Kriegerkaste hin, die sich aus den Nachfahren von früher eingewanderten indogermanischen kriegerischen Bauern rekrutierten. Die Hauptfunktion dieser Kriegerkaste war es, auf den Schlachtfeldern zu erscheinen und sich allen möglichen Arten von Südeuropäern entgegen zu stellen, oder jedem anderen, der die keltischen Waffen herausforderte. Für die meisten Außenstehenden muss es den Anschein gehabt haben, dass alle Kelten von diesem besonderen Schlag waren. Es erscheint logisch, anzunehmen, dass diese blonde Kriegerkaste die „echten Kelten“ repräsentierte. Klassische Skulpturen, vor allem der Pergamon-Schule, bestätigen die schriftlichen Beschreibungen der großen, athletischen, muskulösen Körper und des welligen oder lockigen Haars.

Die meisten Krieger ließen ihr fülliges Haar ungeschnitten. Manchmal wurden die Haare geflochten, so dass sie auf einer Seite der Stirn herabhingen. Der sizilianische Grieche Diodorus beschreibt, wie manche Kelten ihr Haar mit einer dicken Kalkpaste einschmierten und es nach hinten strichen, um einen eigenartigen Effekt zu erzielen, der die Haare wie eine fliegende weiße Pferdemähne erscheinen ließ. Herabhängende Schnurrbärte waren weit verbreitet. Bärtige Krieger sind auf dem Stadtgründungsbogen von Orange abgebildet.

Insbesondere die griechischen und römischen Geschichtsschreiber nahmen Notiz von der keltischen Mode der Eisenzeit, Hosen zu tragen. Diodorus Siculus (wahrscheinlich den syrischen Historiker Posidonius zitierend) berichtet von der farbenfrohen Kleidung der Gallier und ihrer Sitte, Hosen zu tragen. Der mehrfarbige Stoff, für den die Kelten bekannt waren, wies wahrscheinlich karierte und ge-

streifte Muster auf, aber auch einfarbige Stoffe aus naturbelassener Wolle und Leinen wurden getragen. Über Kitteln mit langen oder kurzen Ärmeln, die mit einem Hüftgurt oder Gürtel versehen waren, wurde ein Umhang getragen. Borten und Fransen wurden separat angebracht. Lederschuhe komplettierten die Montur.

Häuptlinge und viele Krieger trugen Halsringe, sogenannte „Torques", aus Gold, Bernstein, Silber und Bronze. Die meisten erhaltenen Exemplare sind von hervorragender handwerklicher Qualität. Die Kelten trugen diese Halsringe etwa ab dem 5. Jh. v. Chr. Die besten Beispiele keltischen Metallschmucks stammen aus dieser frühen La-Tène-Phase. Klassische Skulpturen und einheimische Kunstgegenstände zeigen keltische Krieger, die solche Torques tragen. Auch auf römischen Militär-Grabsteinen sind sie neben anderen schmückenden Auszeichnungen auf dem Brustpanzer der Centurios zu sehen. In den Kriegen mit den Galliern muss den siegreichen römischen Truppen eine große Anzahl Torques in die Hände gefallen sein. Noch bedeutender dürfte sein, dass die Römer diese und andere Moden von ihren beeindruckenden Todfeinden übernahmen.

Bronzene Fibeln, oftmals mit korallenbesetzten Bolzen verziert oder kunstvoll emailliert, sind einzeln oder paarweise in Kriegergräbern zu finden. Dort befinden sie sich im Brustbereich, wo sie der Befestigung des Umhangs dienten.

Die Römer überwanden schließlich ihre Angst vor den fürchterlichen und gefährlichen keltischen Angriffen, als sie erkannten, dass sie mit Beständigkeit, sorgfältiger militärischer Ausbildung, dem Einsatz von üppigen Reserven und

Zwei Bernstein-Torques aus der Nähe von Ipswich, England (2. Jh. v. Chr.). Diese Halsringe sind aus zwei gedrehten Stäben in einer Goldlegierung gefertigt. Die Verdickungen an den Enden sind mit blumenartigen La-Tène-Mustern verziert. *(Britisches Museum)*

vor allem Dank einer umfangreichen Ausstattung mit Wurfgeschossen normalerweise selbst den entschlossensten Ansturm kampfeswütiger Gallier niederschlagen konnten.

Einen der besten Einblicke in den keltischen Charakter findet man bei Strabo, einem griechischen Geographen, der Anfang des 1. Jh. n. Chr. lebte. Er schrieb: „Die gesamte Rasse, die man nun keltisch oder galatisch nennt, ist wahnsinnig kriegswütig, übermütig und schnell bereit, Dinge auszukämpfen, ansonsten aber aufrichtig und nicht bösen Charakters. Und so versammeln sie sich, wenn sie gestellt werden, völlig offen und ohne weitere Vorbedacht in ihren Gruppen zum Kampf, so dass sie relativ leicht von denen besiegt werden können, die sie zu überlisten suchen. Denn sobald man sie zu irgendeinem Zeitpunkt und unter irgendeinem Vorwand aufbringt, sind sie bereit, sich der Gefahr zu stellen, auch wenn sie nichts auf ihrer Seite haben außer ihrer eigenen Stärke und ihrem eigenen Mut. […] Neben der Freimütigkeit und dem Übermut ihres Temperaments muss man die kindische Prahlsucht und die Vorliebe für Dekorationen zu ihren Zügen zählen […]."

Cäsar schrieb, dass die gallische Gesellschaft in drei Klassen geteilt war: Druiden bzw. Priester, *equites* bzw. „Ritter" und *plebs* bzw. normale Menschen. Der Bund persönlicher

Kleine Bronzestatue aus dem 3. Jh. v. Chr., die in der Nähe von Rom gefunden wurde. Sie zeigt einen nackten gallischen Krieger, wie er von klassischen Geschichtsschreibern beschrieben wird. Entweder schleudert er einen Speer oder er verteidigt sich mit einem Schwert. Der Schild, der an seinem linken Arm befestigt war, fehlt. Der gehörnte Helm ist nicht erkennbar keltisch; der große Torques und der Plattengürtel sind es hingegen eindeutig. Wie dieser Mann kämpften nackte „Gaesatae" in der Schlacht bei Telamon im Jahr 225 v. Chr. Diese Speerträger aus einem Gebiet nördlich der Alpen genossen einen besonderen Status. *(Staatliche Museen zu Berlin)*

Dienstbarkeit zwischen einem gallischen Adligen und seinen Gefolgsleuten funktionierte zum gegenseitigen Vorteil. Je größer das Gefolge eines Adligen war, desto größer war sein lokaler Einfluss und desto stabiler seine Macht.

Von der frühen Pubertät an erlernte ein junger Mann der Kriegerkaste die Kampfkünste der Kelten samt den Begleiterscheinungen Jagen, Schmausen und Trinken. Als vollwertiger Krieger kämpfte er Seite an Seite mit einer Gruppe Gleichaltriger und Gleichrangiger, die bereits während seiner Vorbereitung auf die Welt der Erwachsenen mit ihm zusammen gewesen waren. Auf diese Weise entwickelten viele junge Männer starke Bindungen untereinander, so dass bei Diodorus, Strabo und Athenaeus nicht unerwähnt blieb, dass homoerotische Praktiken bei den keltischen Kriegern akzeptiert waren.

Keltische Gemeinschaften: Festung und Hofstatt

Da die Kelten keinerlei schriftliche Aufzeichnungen hinterlassen haben, entstammt unser gesamtes Wissen über ihren Lebenswandel und ihre Gemeinschaften nur den kurzen und teilweise unzuverlässigen Darstellungen römischer Geschichtsschreiber sowie den archäologischen Ausgrabungen. Es gibt wenige Indizien, die ein detailliertes Verständnis des Gesellschaftslebens ermöglichen. Wir wissen, dass sie ein Volk von „Stämmen" waren, können aber nicht sagen, wie genau die Stammesstruktur aussah. Wir erfahren, dass ihre Gesellschaft in Kasten aufgeteilt war (es gab einen Krieger-„Adel", eine Priesterkaste und eine kleinbäuerliche Unterschicht) und wissen, dass sie Sklaverei betrieben.

Was ihre Art zu bauen anbetrifft, ist die heutige akademische Sicht die, dass eine relativ gut organisierte Gesellschaft von verstreuten Bauernhöfen und landwirtschaftlichen Weilern um Wallburgen angeordnet waren, die den lokalen Mittelpunkt des gesellschaftlichen Lebens bildeten. Diese Wallburgen kommen in einer verblüffenden Bandbreite von Größen und Häufigkeiten vor, und wurden anscheinend zu den unterschiedlichsten Zwecken gebaut. Manche haben nur ein Ausmaß von einem halben oder einem Hektar, eine einfache Verteidigungsanlage aus einem Wall und einem Graben sowie einer Handvoll Hütten im Innenbereich. Andere umschließen mit großen, mehrfachen Wallsystemen teilweise hunderte von Hektar und weisen Spuren von bis zu mehreren hundert Hütten auf. Für jede der verschiedenen Größen lassen sich Beispiele anführen. Manche mögen Dörfer gewesen sein, andere waren höchstwahrscheinlich einfache Fluchtburgen, in die sich die Menschen mit ihrem Vieh in Kriegszeiten zurückzogen, und die größten und am dichtesten bebauten können wiederum nur als „Städte" beschrieben werden, vielleicht sogar als regionale „Hauptstädte". Wir wissen einfach nicht, wie das keltische „politische" Gemeinwesen funktionierte, weshalb wir keine vernünftigen Vermutungen über die relative Häufigkeit von rein militärischen Wallburgen, befestigten Fluchtburgen, ständig befestigten Dörfern oder massiv verteidigten „königlichen Hauptstädten" anstellen können.

Eine sichere Annahme ist, dass die mit der Zeit geglätteten Wälle und die schwachen Spuren der Pfahllöcher, die heutzutage die Silhouetten großer Landstriche in einigen Teilen Großbritanniens und Kontinentaleuropas prägen, insgesamt einen zu schwachen Eindruck hinterlassen. Die archäologischen Funde zeigen eine Vielfalt von Bauweisen, von denen einige sehr weit entwickelt waren. Festungswälle, die heute noch eine Höhe von über 25 Metern haben, waren damals viel steiler und exakter geformt. Einige waren aus verschnürten Holzpfählen gebaut, mit Schotter gefüllt und mit vertikalen Trockenmauern verstärkt. Andere hatten verteidigte Torwege mit indirekten Zugängen und Außenanlagen, die in ihrer soliden Bauweise an Festungsanlagen aus dem

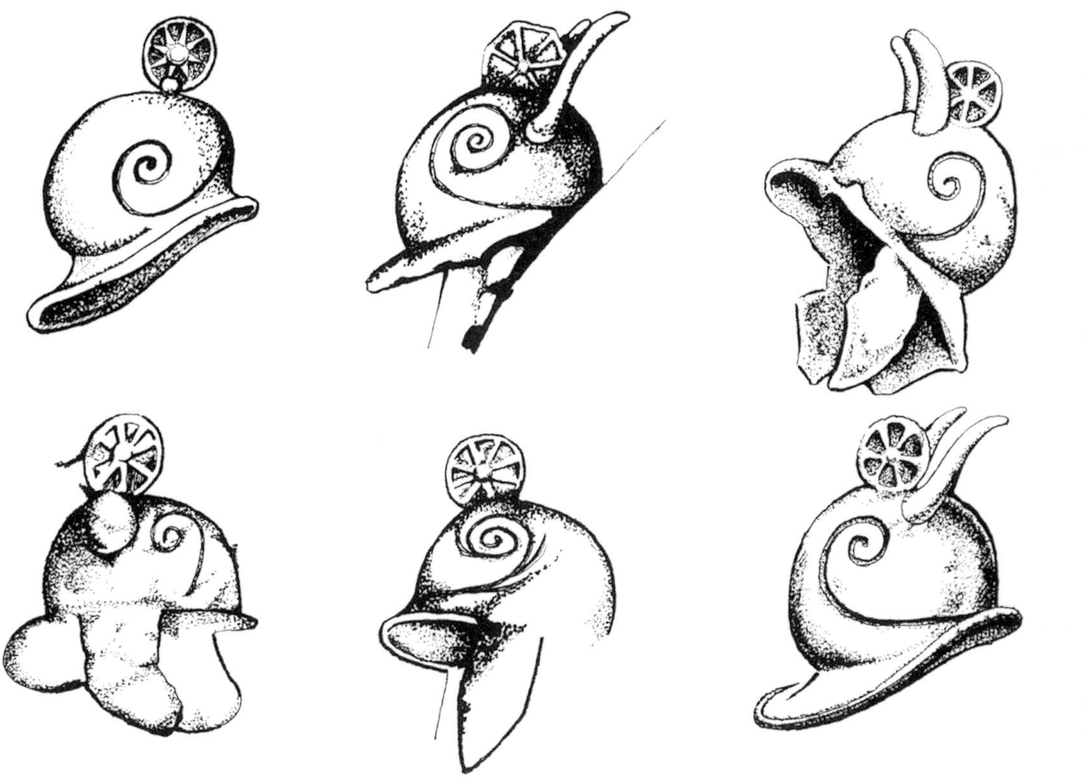

Helm-Abbildungen auf dem Stadtgründungsbogen von Orange, dem alten Arausio, im Departement Vaucluse (Südfrankreich). Die Basreliefs von Orange zeigen unzählige gallische Waffen und Trompeten. Auf dem Kamm der Helme war ein Rad befestigt, das keltische Kriegssymbol. Einige Fachleute glauben, dass dies Zeremonial-Helme waren, es können aber ebenso gut Schlachthelme gewesen sein. Eventuell stellen sie späte Abarten der „Montefortino"-Helme dar.

18. Jahrhundert erinnern. Wir finden Belege für massive Holztore, über denen Wehrgänge angebracht waren, von denen siedendes Öl herab gegossen wurde; für mehrfache, mit Steinen verstärkte Wälle, deren Abstände wahrscheinlich an die Reichweite der damaligen Wurfgeschosse angepasst waren; für eine Hierarchie, deren Autoritäten stark genug waren, um das Aufschichten von 50.000 großen Schleudersteinen in griffbereiten Positionen zu organisieren, nachdem sie zuvor von einem mehrere Kilometer entfernten Strand herangeschafft wurden. So wenig wir auch über diese Menschen wissen, eines ist sicher: Ihre Häuptlinge hatten echte Autorität und geboten über ein soziales System, das reich und organisiert genug war, ihnen beträchtliche Arbeitskraft für längere Aufgaben zur Verfügung zu stellen.

Julius Cäsar schreibt, dass er im zentralen und nördlichen Gallien auf einen Typus solider Verteidigungsmauern gestoßen ist, den er als *murus Gallicus* bezeichnet. Dieser kann am besten als ein Skelett aus in mehreren Lagen kreuzweise zusammengenagelten Holzbalken beschrieben werden, in deren Zwischenräume auf jeder Ebene Erde und Schotter gestopft wurden. Auf beiden Seiten wurde diese Konstruktion von einer Trockenmauer verkleidet, die manchmal die Stümpfe der äußeren Balken bedeckte, sie manchmal auch frei ließ. Der Kern der Mauer hielt dadurch auch Rammböcken stand, selbst wenn die äußere Verkleidung durchbrochen worden war. Zudem schützten die Verkleidung und das Füllmaterial das Holzskelett vor Feuer. Es ist bekannt, dass die „gallische Mauer" in manchen Fällen über 3,5 Meter hoch war.

Die gallischen Kelten kamen in Südfrankreich mit griechischen Siedlern in Kontakt, und es ist sehr spannend, sich zu überlegen, wie stark dies den Bau der keltischen Verteidigungsanlagen beeinflusste. In diesem Gebiet sind mehrere Festungen gefunden worden, die Verteidigungswälle mit steinernem Aufbau aufwiesen anstelle mit Steinen verkleideter Erde. Die bekannteste ist Entremont, das die Römer als *oppidum* (eine lokale Hauptstadt) bezeichnen. Über Aix-en-Provence thronend, verfügte diese 123 v. Chr. von den Römern eroberte dreieckige Festung über Mauern aus grob behauenen Steinblöcken, die im Abstand von 20 Metern von Tür-

men mit soliden, mit Schotter gefüllten Fundamenten verteidigt wurden. Auf den Mauern waren wahrscheinlich ursprünglich Zinnen oder Wehrgänge angebracht. In Großbritannien gibt es Belege für vergleichbare Fortschrittlichkeit. Es gibt Anzeichen dafür, dass einige britische Befestigungen aus verschiedenen Epochen über verbesserte Verteidigungsanlagen verfügten. Etwa im 3. Jh. v. Chr. wurden die Gräben durchgängig tiefer und die Wälle höher. An mehreren südbritischen Orten wurden im 1. Jh. v. Chr. zusätzliche Ringe von Befestigungswällen und Gräben errichtet und komplexe indirekte Eingänge konstruiert.

Die Siedlungen, die über das gesamte geographische Gebiet der Kelten verstreut waren, weisen eine ebensolche Vielfalt an Größen und Bauweisen auf. Die Spanne reicht von isolierten Gehöften, die etwa eine Großfamilie ernährten, bis hin zu großen Dörfern mit einer Fläche von über 15 Hektar, was sogar die meisten mittelalterlichen und modernen Dörfer übertrifft. In jüngster Vergangenheit gab es mehrere Experimente, in denen anhand von archäologischen Funden die Arbeit auf eisenzeitlichen Höfen rekonstruiert wurde. Ein Projekt auf Butser Hill in der Nähe von Petersfield in Hampshire umfasst verschiedene Typen von Wohneinheiten, deren Bauweise auf Vermessungen von Pfahllöchern und erhaltenen Fragmenten von Hüttenmaterial beruht. Auf Feldern wurden in Handarbeit oder mit einfachen, von Rindern gezogenen Pflügen versuchsweise unterschiedliche Getreidesorten angebaut, die es vermutlich in der Eisenzeit gab. Nach heutigen Erkenntnissen erbrachten Getreidesorten wie Dinkel oder Emmer selbst unter schlechten Bedingungen Erträge von über 2.100 Kilogramm pro Hektar. Pferde-, Rinder- und Geflügelarten, die denen des Altertums ähneln, wurden auf diesen Versuchshöfen gezüchtet, so zum Beispiel das agile und widerstandsfähige Soayschaf, eine ziegenähnliche Gattung, die wegen ihrer Wolle gehalten wurde. Weben, Töpfern, Köhlern und die Gewinnung von Metallen, alle wichtigen Bestandteile einer keltischen Gemeinschaft, wurden an diesen Orten mit den rekonstruierten Techniken nachempfunden. Die Männer, Frauen und Kinder der unteren Schichten der keltischen Gesellschaft verbrachten einen Großteil ihres Lebens mit der Ausübung dieser arbeitsintensiven Tätigkeiten.

Außen- und Innenansichten eines eisenzeitlichen Pimperne-Hauses (benannt nach dem Ort eines wichtigen archäologischen Fundes), das als Teil einer experimentellen Nachbildung einer bewirtschafteten keltischen Hofstatt bei Butser Hill in der Nähe von Petersfield (Hampshire) sorgfältig rekonstruiert wurde. Diese Bilder zeigen, dass der Begriff „Strohhütte" irreführend sein kann. Dies ist eine große, solide konstruierte Wohnstätte, die äußerst robust erscheint. Wir wissen nicht, wie der Innenraum gestaltet oder eingerichtet war, da die Archäologen kaum mehr als Pfahllöcher und Herdspuren als Anhaltspunkte haben. Die Erfahrung lehrt uns, dass es wahrscheinlich falsch wäre, von einem primitiven, elenden Leben auszugehen. *(Richard Muir)*

Die Druiden

Die alten Kelten waren kein religiöses Volk, wenn man dies im Sinne der Verehrung einer festen Hierarchie von Gottheiten versteht. Stattdessen waren sie extrem abergläubisch. Sie glaubten, dass die Objekte und die Umwelt ihrer physischen Welt von magischen Kräften durchdrungen waren. Rituelle Besänftigungen und Opfergaben (den Römern zufolge wurden auch Menschen geopfert) und das Erzählen von heiligen Mythen und Märchen sollten die übernatürlichen Kräfte dazu bewegen, positiv auf die Belange der Menschen einzuwirken. Feierlichkeiten zum Beginn der landwirtschaftlichen Jahreszeiten zogen sich durch das gesamte keltische Kalenderjahr.

Es gab kein organisiertes Pantheon der Götter wie bei den Griechen und Römern, dennoch scheint die Terminologie, die den Kelten zugeschrieben wird (es ist auch möglich, dass sie einfach durch das griechisch-römische Vokabular der Kommentatoren „gefiltert" wurde), weitgehend allen indogermanischen Volksstämmen gemeinsam zu sein. Manche keltische Gottheiten hatten nur lokale Bedeutung, während andere „nationale" Götter waren. Von einigen wurde geglaubt, dass sie ihre Gestalt verändern könnten: von der eines Menschen zu einer Vogel- oder Tiergestalt.

Heilige Orte, mit Ausnahme der Heiligtümer Roquepertuse und Entremont, waren anscheinend einfache Haine oder Wälder. Hier wurden Zeremonien von der Priesterkaste, den Druiden, abgehalten. Plinius beschreibt eine Verbindung zwischen Riten der Druiden und Eichen: Dabei wurden rituell Misteln von den Bäumen geschnitten, was gewöhnlich von einem Bullenopfer begleitet wurde. Der Zweck dieses Brauchs bleibt aber im Dunkeln.

Cäsar sieht, wie wichtig die gallischen Druiden, sowohl als Magier als auch als Schiedsrichter sind, an die Dispute oder Probleme herangetragen wurden. Sie scheinen die Hüter der mündlichen Traditionen der Kelten gewesen zu sein, die sie als rituelle Mythen von Generation zu Generation weitergaben. Kurz: Sie waren „Hexenmeister" oder „Weise", deren Einfluss weit in das keltische Leben hereinreichte. Insbesondere Britannien stand in dem Ruf, eine Wiege der Druiden zu sein, was nicht nur auf die Ankunft fliehender Druiden zurückzuführen war, die Gallien verließen, nachdem es an die Römer gefallen war. Die römischen Eindringlinge standen dem Druidenkult überaus feindlich gegenüber und ihre Geschichtsschreiber stellen ausführlich die unmenschlichen Opferbräuche dar, die die Druiden gelegentlich praktizierten. Man kann annehmen, dass den Eindringlingen mindestens genauso viel daran lag, dieses Netzwerk oder diese „Infrastruktur“, die das keltische Nationalbewusstsein über Stammesgrenzen hinweg erhielt, unerbittlich zu zerstören. Das letzte und einflussreichste Zentrum des organisierten Druidentums befand sich im Westen Britanniens. Die Festung des Kults auf der Insel Anglesey wurde schließlich im Jahr 60 n. Chr. von Suetonius Paulinius zerstört.

Die Kopfjagd

In dem Kopf eines Mannes steckten sein Geist, seine Stärke, sein Wille, seine Seele und seine „Lebenskraft“. Die amerikanischen Indianer glauben, dass der Verbleib in der häuslichen Umgebung des Lagers, umgeben von Frauen, Kindern und dem Geruch von Essen und Lagerfeuer, einen Mann weich und schwach machen, während das Leben an frischer Luft, das Töten von feindlichen Kriegern und die Inbesitznahme ihrer männlichen Kraft und ihres Geistes aus einem Mann einen mächtigen Krieger machen. Ein solcher Glaube lag wahrscheinlich auch dem keltischen Kopfjagd-Kult zugrunde. Derartige Symbole sind äußerst häufig in der keltischen Kunst und auf keltischen Artefakten zu finden, so dass wir vermuten können, dass es ein weit entwickeltes und tief verwurzeltes Glaubenssystem gab, auch wenn wir es nicht im Detail beschreiben können. Abbildungen von abgetrennten Köpfen sind überall zu finden, in Stein oder Holzobjekte geschnitzt oder in Form echter Schädel. Köpfe wurden in Torstürzen platziert, in Tempelnischen, in Türrahmen von Wohnhäusern und sogar gesammelt und in den Hütten aufbewahrt. Einige sehr kostbare Köpfe wurden in Zedernöl einbalsamiert und in speziellen Kisten aufbewahrt. War er kurz zuvor abgetrennt worden, wurde er an den Haaren an die Lanze eines Kriegers, an eine Kutsche oder an Pferdegeschirr gehängt.

Waffenopferungen

Orosius, ein römischer Historiker, hinterlässt diesen Kommentar zu der rituellen Zerstörung von Beutegut durch die Kimbern nach der Schlacht bei Arausio (105 v. Chr.): „Als der Feind zwei Lager und eine gewaltige Beute in Besitz genommen hatte, zerstörte er unter fremdartigen Flüchen alles, was ihm in die Hände fiel. […].“

Ein späterer Zeuge dieses Brauchs war Cäsar, der über die Gallier schrieb: „Wenn sie sich zu einem Kampf entschlossen haben, widmen sie gewöhnlich Mars die Beute, die sie zu machen hoffen. Nach dem Sieg opfern sie die erbeuteten Tiere und sammeln das übrige Gut an einer Stelle. Bei vielen Stämmen findet man auf gesegnetem Grund große Haufen davon.“ Diese geweihten Sammlungen, die von den Siegern eines Kampfes zwischen zwei Stämmen einer Gottheit gewidmet

Helme des Coolus-Typs, wie sie erstmalig im Departement Marne gefunden wurden. Diese einfachen Helme haben eindeutig die Form einer „umgekehrten Jockeymütze“. Die mit A und B gekennzeichneten Exemplare sind römische Adaptionen, die auf jeder Seite zwei Nietenlöcher haben, um die Wangenklappen zu befestigen. Die keltischen Originale haben jeweils nur ein Loch, um einen einfachen Kinnriemen zu befestigen. Die Ringe an der Unterseite des Nackenschutzes können ein dritter Befestigungspunkt gewesen sein, oder es waren einfach Tragehenkel. *(Nach verschiedenen Quellen)*

wurden, wurden an verschiedenen Orten in ganz Europa gefunden, in Gegenden, wo die Kelten geherrscht hatten. In Teichen, Seen, Sümpfen und Mooren konnten große Mengen an Überresten von Schwertern, Lanzen, Dolchen, Kettenhemden, Wagenrädern, Trompeten und Tierknochen gefunden werden. Das meiste Wissen über die keltische Kriegsausrüstung hat sich den Historikern auf diese Art und Weise erschlossen.

WAFFEN UND RÜSTUNG

Der gewaltige Eindruck, den die keltischen Krieger auf die Südeuropäer machten, die mit ihnen in Kontakt kamen, ist in der Literatur und auf den erhaltenen Skulpturen und Kunstgegenständen dokumentiert.

Vor dem 3. Jh. v. Chr. verwendeten nur sehr wenige Kelten Rüstungsgegenstände, viele Krieger kämpften einfach nackt. Als der Kontakt mit den Armeen des Südens häufiger wurde, begannen Häuptlinge und reichere Krieger vermehrt Helme und Rüstungsteile zu tragen. Diese Entwicklung setzte sich schließlich bis zu den niederen Rängen durch. Mehrere Gräber in Norditalien enthalten etruskische Rüstungen und keltische Waffen. Da sich zudem in einem der Gräber ein griechischer Schild der schweren Infanterie (*hoplon*) befindet, bezweifeln manche Experten jedoch, dass es sich um keltische Gräber handelt. Südeuropäer stellten sich die Kelten im Allgemeinen nicht als gepanzerte Krieger vor. Selbst nach langem Kontakt mit den hochentwickelten Armeen der Römer trug die Mehrheit der Gallier keinerlei Rüstung. Ironischerweise, so Russel Robinson, sind einige der von den Römern benutzten Helmtypen hingegen unmittelbare Weiterentwicklungen von gallischen Originalen.

Montefortino- und Coolus-Helme

Die von den nördlichen Galliern zu Beginn der La-Tène-Zeit (im späten 5. Jh. v. Chr.) getragenen Helme gab es in unterschiedlichen Ausführungen. Manche hatten eine elegante Kegelform, teilweise mit einer sehr schmalen Spitze, deren Abschluss ein hohles Zierstück bildete. Andere hatten die Form einer umgekehrten „Jockeymütze". Spätere gallische Helme stammen von diesen Urformen ab. Benannt nach der Totenstadt bei Montefortino nahe Ancona in Norditalien, wurde der Montefortino- („Jockeymützen"-) Helm aus Bronze oder (seltener) aus Eisen hergestellt. Andere keltische „Jockeymützen"-Helme wurden in der Gegend von Coolus im Departement Marne in Nordostfrankreich gefunden, die meisten davon waren aus Bronze.

Die Montefortino-„Jockeymütze" kam Anfang des 4. Jahrhunderts v. Chr. auf. Die feinsten Exemplare dieser schönen Kopfbedeckungen wurden in Italien gefunden, obwohl ihr Ursprung im Europa der Barbaren liegt. Sie erwiesen sich sowohl in den römischen als auch in den karthagischen Armeen als sehr beliebt. Als spätere Versionen in Massenproduktion hergestellt wurden, litt die Qualität. Der Helm wurde mit Riemen befestigt, die vom Nackenschutz zu metallenen Ösen, Haken oder Bolzen an den unteren Enden der Wangenklappen liefen. Die Kämme waren unterschiedlich gestaltet. Bekannte Spielarten besaßen mehrere Knäufe auf dem Scheitel, metallische Ausläufer von einem mittigen Einsatzstück oder hohle Zierstücke, in die Feder- oder Pferdehaarbüsche gesteckt werden konnten. Die Helmschale war manchmal mit Schlitzen oder Taschen für flache Metall-„Hörner" ausgestattet, die an beiden Seiten angebracht werden konnten. Die Coolus-„Jockeymütze" hatte einen flachen Schutz, der horizontal von der unteren Rückseite der Schale als Nackenschutz abstand. Diese Metallkappen hatten die Form einer Halbkugel und waren einfach und pragmatisch gestaltet, ohne Schmuck auf dem Kamm. Sie stammen aus dem 3. bis 1. Jahrhundert v. Chr. und wurden wahrscheinlich in und nach der Zeit der Eroberungsfeldzüge von keltischen Rüstungsschmieden für die römische Armee hergestellt. Viele erhaltene römische Armeehelme, die aus dem Coolus-Typ weiterentwickelt wurden, haben Aufsätze auf dem Kamm und an den Wangenklappen.

Agen-Helme

Bisher sind vier späte gallische breitrandige Eisenhelme gefunden worden. Sie sind nach dem ersten Fundort, Agen (Lot-et-Garonne, Schweiz), benannt. Diese Helme haben tiefe, volle, einem Melonenhut ähnliche Schalen mit einem breiten Rand an der unteren Kante, der vorne schmaler und hinten breiter war, mit einem zur Verstärkung abgesetzten Nackenschutz. Weiter oben wurde die Schale durch V-förmige, umlaufende Beschläge verstärkt. Die Wangenklappen waren mit geprägten Wellenlinien geschmückt, manchmal auch gemustert und gestuft. Der Helm wurde mit Riemen befestigt, die durch Ringe an der Unterseite des Nackenschutzes und an den hinteren, unteren Ecken der Wangenklappen liefen.

Port-Helme

Benannt nach Port bei Nidau in der Schweiz, wo das erste Exemplar gefunden wurde, haben diese gallischen Eisenhelme (wie die Agen-Helme) eine tiefe Schale. Die vordere Kante wurde zu einem kleinen Scheitel verlängert, die Rückseite ist bis unter das Ohr herabgezogen. Zwei Rippen verlaufen

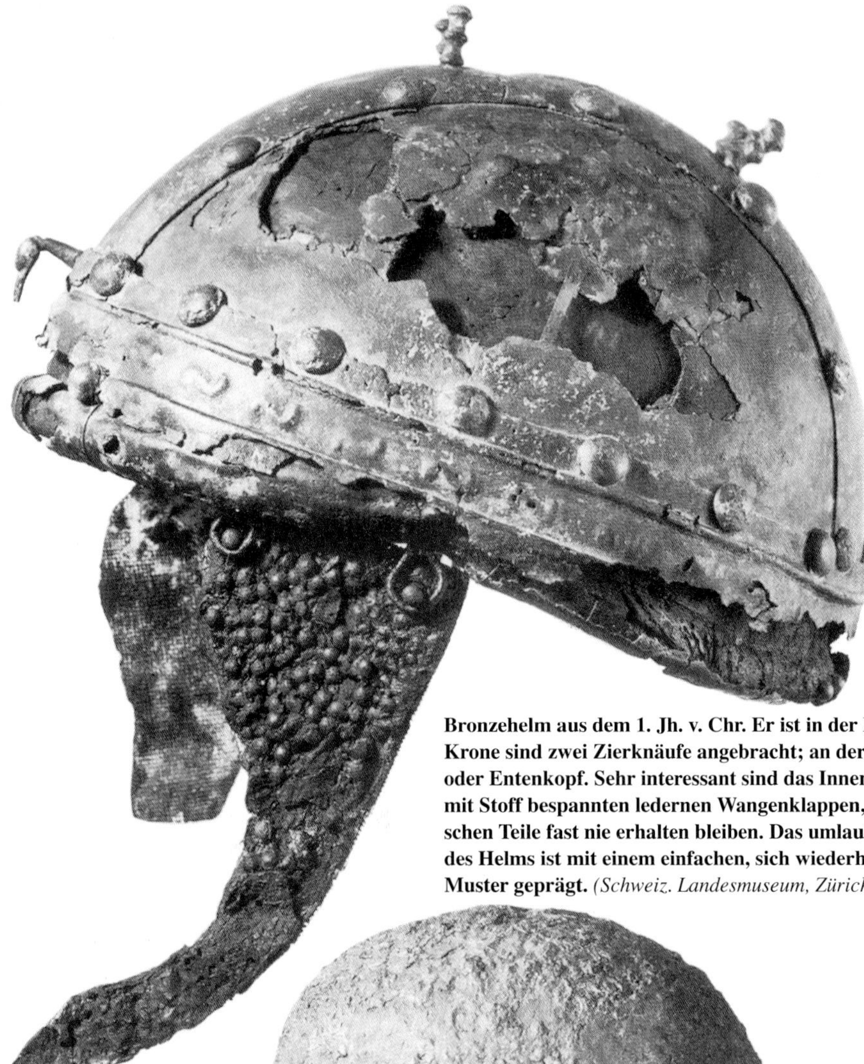

Bronzehelm aus dem 1. Jh. v. Chr. Er ist in der Mitte verstärkt; auf der Krone sind zwei Zierknäufe angebracht; an der Vorderseite ein Gänse- oder Entenkopf. Sehr interessant sind das Innenfutter aus Stoff und die mit Stoff bespannten ledernen Wangenklappen, da solche nicht-metallischen Teile fast nie erhalten bleiben. Das umlaufende Band an der Kante des Helms ist mit einem einfachen, sich wiederholenden „Doppelhaken"-Muster geprägt. *(Schweiz. Landesmuseum, Zürich)*

Ein Eisenhelm des „Agen/Port"-Typs aus dem 1. Jh. v. Chr., gefunden in der Nähe von Giubasco im Tessin. Er hat eine hohe Schale mit senkrechten Seiten und einen schmalen Rand, der sich hinten zu einem Nackenschutz ausweitet. Dieser hier hat zwei nach hinten zeigende Zacken auf jeder Seite und eine „gestufte" Oberfläche zur zusätzlichen Verstärkung. *(Schweiz. Landesmuseum, Zürich)*

quer über den Nackenschutz, und das untere Ende ist zu einer schmalen horizontalen Kante ausgeformt. Vorne sind über der Stirn zwei Rippen angebracht, die gebogene „Augenbrauen“ bilden, die sich fast in der Mitte berühren, wo eine große Niete den Abschluss bildet.

Fragmente zweier Arten keltischer Helme wurden bei Alesia gefunden, wo eine von Vercingetorix angeführte gallische Armee 52 v. Chr. bei einer Belagerung eingeschlossen wurde. Nach Meinung des mittlerweile verstorbenen Russel Robinson waren diese Agen/Port-Helme die direkten Vorfahren späterer gallo-römischer Kriegshelme.

Von frühester Zeit an übernahmen die Gallier zudem exotische Helmtypen, wie griechische, italo-korinthische, italoattische und etruskische Negau-Typen.

Helmfutter

In seinem Buch über die Rüstung des römischen Reiches erwähnt Russel Robinson verschiedene erhaltene Helm-Innenfutter aus der Zeit vom 14. bis zum 17. Jh. n. Chr. Die Mehrzahl besteht aus vier Segmenten (teilweise noch mehr), deren obere Enden durch einen kreisförmigen verstellbaren Riemen verbunden wurden, um den Helm in der richtigen Höhe auf dem Kopf zu fixieren. Diese Methode findet noch immer Anwendung in modernen Helmen aller Art. Immer sind die Futter am Helmrand befestigt und haben eine Lücke zwischen der Helmspitze und dem oberen Futter, um Kondensation zu vermeiden und eine freie Luftzirkulation zu ermöglichen. Gewöhnlich wurde ein gepolstertes, strapazierfähiges Material benutzt. Wenn man die bekanntermaßen lange Verwendungsdauer dieser Art von Helmfutter bedenkt, gibt es keinen Grund daran zu zweifeln, dass frühere Versionen sowohl in Helmen der Gallier als auch der Römer zum Einsatz kamen. Eine Wangenklappe, die bei Hod Hill (Dorset) gefunden wurde, weist an der Innenseite Materialspuren auf, die vermutlich die Überreste eines einfachen gepolsterten Futters sind, das entweder angesteckt oder unter dem Einfassband befestigt wurde. Zudem gibt es Belege, dass eine Form dieser Rüstungskappen in den vormittelalterlichen Jahrhunderten in Gebrauch war.

Rüstung

Viel seltener als Helme wurden bei den Kelten Rüstungen getragen. Manche Kelten der Urnenfeld-Kultur waren mit Rüstungen aus Bronzeplatten ausgestattet, insbesondere mit Brustpanzern und Beinschienen. Die Kenntnis ihrer Herstellung wurde wahrscheinlich von mykenischen Handwerkern übernommen. Die ersten Funde aus Osteuropa gehen bis in das 13. Jh. v. Chr. zurück. Manche Exemplare sind aufwändig geprägt und graviert. Die ersten Abbildungen von Kettenpanzern finden sich auf den Reliefs des Athene-Tempels in Pergamon in der Türkei. Sie sind auf Friesen zu sehen, die erbeutete Waffen und Rüstungen der Galater zeigen. Das

Der junge adelige Gallier von Vachères (Basses Alpes), der 1892 gefunden wurde. Er gehörte wahrscheinlich der Kaste der *equites* oder „Ritter“, wie Cäsar sie nannte, an. Die Kettenrüstung mit den Schulterverstärkungen ist gut zu erkennen. Der Kittel hat Ärmelaufschläge und ist an beiden Seiten des Saums geschlitzt. (*Musée Calvet, Avignon*)

Detailansicht des Schwertes, des Gürtels und des aufgeschlagenen Ärmels des Kriegers von Vachères. *(Musée Calvet, Avignon)*

Kettenhemd ist ärmellos, mit Paneelen zur Verstärkung der Schultern, die über den oberen Rücken laufen und vorne durch ein Bolzensystem befestigt werden. Das aus dem 2. Jh. v. Chr. stammende Fries zeigt vermutlich Exemplare erbeuteter Ausrüstung, die vom Bildhauer direkt vor Ort kopiert wurden.

Eine weiterentwickelte Form dieses Kettenpanzer-Typs wurde von den Römern, den Etruskern sowie späteren gallischen Kriegern verwendet. Ein gut erkennbares Beispiel einer solchen Rüstung findet man an der Statue des jungen, adligen gallischen Kriegers, die bei Vachères in Südfrankreich gefunden wurde. Der linke Arm des jungen Mannes ruht auf seinem Langschild. Er trägt einen langärmeligen Kittel mit Ärmelaufschlägen und einen Umhang, der mit einer Spange auf der rechten Schulter verschlossen ist. Ein großer ungemusterter Torques umschließt seinen Hals. Die Kettenrüstung besteht aus einem Hemd mit kurzen Ärmeln, die eben die Schulterkanten bedecken. Die länglichen Schulterverstärkungen verlaufen über den oberen Rücken und sind unterhalb der Brust mit großen Bolzen befestigt. Ein doppelter Riemen, der wahrscheinlich Lücken zwischen den Paneelen verschließen sollte, erstreckt sich von Ringen aus, die oberhalb der inneren Ecken der Ausschnitte auf den äußeren Seiten der Schützer angebracht sind. Alle Kanten sind mit Rohleder abgeschlossen, das einen erhöhten Rand bildet.

Varianten dieser Schulterverstärkungen gallischer Rüstungen sind auf Überresten von Statuen und Figuren aus Südfrankreich und Norditalien zu finden. Diese haben die Form eines Umhanges, der an den beiden oberen Ecken beider Enden an der Brustmitte mit Haken und Laschen verschlossen ist. Die meisten Exemplare weisen auf der Brust spitze Enden auf, andere sind hingegen abgerundet.

Der keltische Schild

Für die meisten keltischen Krieger war der Schild elementarer Bestandteil ihrer Kampftechnik, da er ihre einzige Verteidigung war.

Die frühesten keltischen Schilde waren relativ kleine „Zielscheiben“ aus Tierhaut oder Holz. Nimmt man die runden „Paradeschilde“ aus dünner Bronze, die in Mitteleuropa, Griechenland und Italien gefunden wurden, als Beispiel für die damaligen und die früheren Kampfschilde dieses Typs, so waren sie mit vielen Nieten besetzt.

Irgendwann während der Hallstatt-Zeit übernahmen die Kelten den Langschild. Der höchstwahrscheinlich nach italienischen Vorbildern entwickelte keltische Schild war länglich und hatte die Form eines Sechsecks oder eines ganzen bzw. eines abgeschnittenen Ovals. Beispiele für frühe keltische Langschilde finden sich aller Wahrscheinlichkeit nach auf einem Bronzezuber aus Norditalien, auf dem Krieger mit breitrandigen „Melonenhut“-Helmen abgebildet sind, die zwei Lanzen und längliche ovale Schilde mit Mittelrippe und ovalem Buckel führen.

Überreste langer keltischer Schilde wurden bei La Tène in Frankreich, bei Hjortspring in Dänemark und in Irland gefunden. Die La-Tène-Exemplare waren ursprünglich oval und etwa 1,1 Meter lang. Sie bestanden aus Eichenbrettern, die zu einem dünneren Randbereich hin abgeschrägt waren. Die Mitte wurde durch eine hölzerne Rippe verstärkt, die in ihrem Zentrum dicker wurde und mit einer Außenwölbung in eine ovale Aussparung in der Schildmitte eingepasst wurde. Die Wölbung wurde gewöhnlich durch einen Eisen- oder Bronzebeschlag geschützt, der über den Breiten Teil der Rippe verlief und durch den Schild festgenietet wurde. Der Griff war aus Holz und wurde manchmal von einem Metallstreifen verstärkt, der auf beiden Seiten der Aushöhlung durch den Schild festgenietet wurde. Der flache Teil der Vorder-

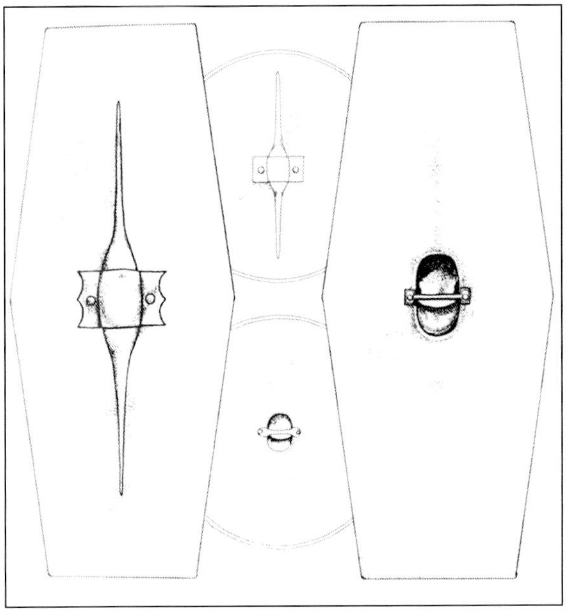

Vorder- und Rückseiten eines keltischen sechseckigen „Infanterie“- und eines runden „Kavallerie“-Schildes. Beide Arten waren aus Eichenholz, das mit Tierhaut oder Filz bespannt wurde und dessen Vorderseite bemalt war. Die meisten Beschläge waren aus Eisen. Der große „Infanterie“-Schild war normalerweise sechseckig, rechteckig oder oval; der kleinere „Kavallerie“-Typ rund oder oval.

und Rückseite war mit Leder oder Filz verkleidet. Ein zusätzliches Metallband war an der Oberkante mancher Schilde befestigt, um vor Abwärtsschlägen mit Schwertern oder Äxten zu schützen, die das Holz hätten spalten können.

Die Abbildungen zeigen Varianten dieses Grundtypus. Die Beschläge waren aus Eisen und konnten als einfache breite Streifen, als „Schmetterlings“-Platten oder einfache runde Formen auf einer runden Befestigungsplatte ausgeführt sein. Es gilt als gesichert, dass die meisten Schilde mit Tieren, geometrischen oder symbolischen Emblemen geschmückt waren und sorgfältig mit bunten Mustern bemalt wurden.

„Paradeschilde“

Längliche „Paradeschilde“ aus dünner Bronze und mit holzverstärkter Rückseite wurden in der Themse bei Battersea sowie in der Witham in Lincolnshire gefunden. Sie sind insofern außergewöhnlich, als dass die Vorderseite mit geprägtem Metall geschmückt war, und man weiß nicht, ob sie tatsächlich für den Einsatz im Kampf gedacht waren.

Schwerter

Im Altertum stellte man sich die keltischen Krieger vorrangig als Schwertkämpfer vor. In Griechenland, Westasien, Ägypten und den karthagischen Armeen wurden sie als Stoßtruppen eingesetzt.

Frühe keltische Eisenschwerter wiesen eine exzellente Qualität auf und folgten dem Stil der späten Typen der Bron-

Schwer beschädigte Statue aus dem gallischen *oppidum* Entremont aus dem 2. Jh. v. Chr. Sie zeigt einen hockenden keltischen Krieger. Der Kettenpanzer mit der umhangähnlichen Schulterverstärkung und einer Art Verschluss auf der Brust ist relativ gut zu erkennen. Die Detailansicht zeigt undeutlich die Überreste des Schwerts und der Unterkante des Kettenpanzers. *(Musée Granet, Aix-en-Provence)*

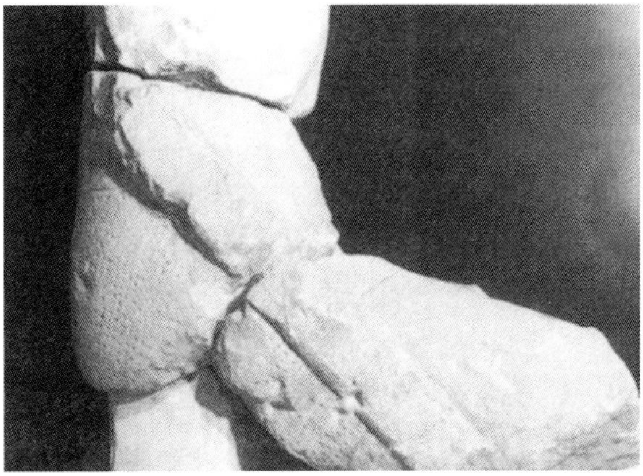

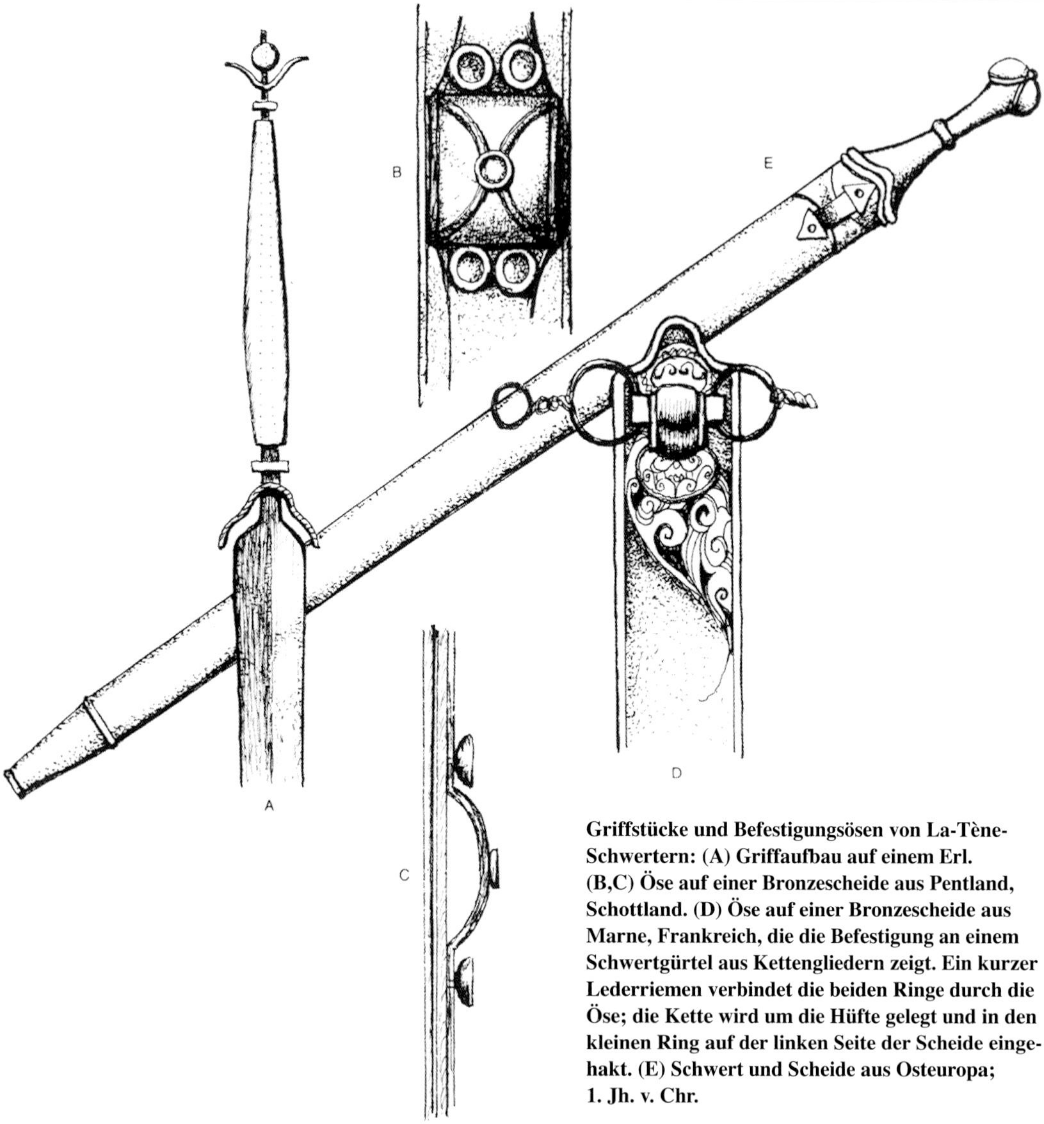

Griffstücke und Befestigungsösen von La-Tène-Schwertern: (A) Griffaufbau auf einem Erl. (B,C) Öse auf einer Bronzescheide aus Pentland, Schottland. (D) Öse auf einer Bronzescheide aus Marne, Frankreich, die die Befestigung an einem Schwertgürtel aus Kettengliedern zeigt. Ein kurzer Lederriemen verbindet die beiden Ringe durch die Öse; die Kette wird um die Hüfte gelegt und in den kleinen Ring auf der linken Seite der Scheide eingehakt. (E) Schwert und Scheide aus Osteuropa; 1. Jh. v. Chr.

zezeit. Eine Zeit lang wurden Bronze- und Eisen-Typen nebeneinander hergestellt, bis man schließlich aufhörte, Bronze zu benutzten. Die stärkeren Eisenwaffen beschränkten sich allem Anschein nach auf die „königliche" Gruppe der Krieger, die in Bayern, Württemberg, Baden, Elsass-Lothringen, dem Burgund und der Auvergne lebten.

Einige Eisenschwerter aus dieser (Hallstatt-) Zeit sind so groß, dass manche Experten vermuten, dass sie nur zeremoniellen Zwecken dienten - allerdings sind sie nicht größer als die großen Kriegsschwerter des Mittelalters. Genau wie bei den Bronzeschwertern dieser Zeit hat die Klinge die elegante Form eines gestreckten Blattes mit einer abgerundeten, spatelförmigen, rechteckig-geknickten oder flachen „V"-Spitze. Bei den späten Hallstatt-Schwertern gab es eine Art, die eine kurze, dicke Klinge und eine scharfe Spitze hatte. Die Griffe beider Arten von Hallstatt-Schwertern sind markant. Die meisten früheren großen Eisenschwerter haben Hefte, die denen bronzener Vorbilder ähneln, aber mit einem Profil, das an einen „mexikanischen Sombrero" erinnert. Die kleineren, späteren Hallstatt-Schwerter, ebenfalls Weiterentwicklungen früherer Bronze-Exemplare, haben zwei Zacken, die sich am oberen Ende des Hefts teilen und Hörner oder „Antennen" formen. Andere Hefte haben die Form eines menschlichen Körpers und werden als „anthropoid" bezeichnet. Manche Dolche aus dieser Zeit folgen ebenfalls diesem Stil.

Die Schwerter der keltischen La-Tène-Kultur der Eisenzeit sind von der Parierstange bis zur Spitze zwischen 55 und

La-Tène Schwert- und Dolchscheiden aus Großbritannien und Kontinentaleuropa. *(Britisches Museum)*

Kurze bronzene Schwertscheiden der La-Tène-Zeit, die in Großbritannien gefunden wurden. *(Britisches Museum)*

80 cm lang, in einigen Fällen erreicht die Klingenlänge bis zu 90 cm. Die Qualität des Eisens, aus dem diese Waffen hergestellt wurden, rechtfertigt eher die Bezeichnung „Stahl". Die Qualität ist unterschiedlich, dennoch haben nur wenige eine so schlechte Qualität wie sie der griechische Historiker Polybius beschreibt: „Sie sind nur beim ersten Schlag effektiv. Danach sind sie stumpf und verbiegen sich, so dass, wenn der Krieger keine Zeit hat, es gegen den Boden zu stemmen und mit seinem Fuß geradezubiegen, der zweite Schlag nicht sehr wirkungsvoll ist."

Der See in La Tène war eine keltische Opferstätte, wo hunderte Schwerter gefunden wurden. Auch an anderen Orten in Frankreich, Großbritannien, Spanien, der Schweiz, Dänemark, Süddeutschland und Osteuropa wurden vielfältige Exemplare von La-Tène-Schwertern entdeckt.

Die meisten Schwerter der frühen La-Tène-Zeit messen insgesamt zwischen 65 und 75 cm und sind Hieb- und Stichwaffen. Die Klingen sind spitz und die Scheiden aufwändig gemustert. Sie datieren von der Mitte des 5. bis zur Mitte des 3. Jh. v. Chr. Schwerter der mittleren La-Tène-Zeit (bis zum späten 2. Jh. v. Chr.) wuchsen in der Länge – auf insgesamt 85 bis 90 cm - und haben runde Enden. Vom 1. Jh. v. Chr. an wuchs die Schwertlänge auf durchschnittlich insgesamt 90 cm, bei einigen wenigen Exemplaren ist sogar allein die Klinge ohne Heft 90 cm lang. Die Schwertscheiden sind sauberer gearbeitet und folgen präziser der Form des Schwertes. Nach der römischen Eroberung von Gallien wurde bis zum Ende des 1. Jh. n. Chr. eine insulare Variante der La-Tène-Schwerter in Großbritannien weiter hergestellt. Das Schwert hing gewöhnlich an der rechten Seite der Hüfte an einem ledernen Schwertgurt oder einer Kette aus Eisenringen. Am Gürtel wurde das Schwert mit einem Metallring befestigt, der auf der Rückseite der Scheide angebracht war.

Die allmähliche Veränderung des La-Tène-Schwerts von einer relativ kurzen Hieb- und Stichwaffe hin zu einer längeren Schlagwaffe scheint in Großbritannien umgekehrt worden zu sein, wo Schwerter aus den letzten zwei Jahrhunderten vor der römischen Eroberung wieder Spitzen aufweisen.

Lanzen und Wurfspeere

Lanzen und Wurfspeere aus Bronze und Eisen gab es in unterschiedlichen Formen und Größen. Allgemein waren Lanzenspitzen in der ersten und zweiten La-Tène-Phase größer (vom 5. Jh. v. Chr. bis zum ersten Viertel des 1. Jh. v. Chr.). Die Kanten typischer keltischer Arten sind von dem Blatt der Klinge bis zur Spitze nach innen gebogen, so dass die Spitze langgezogen wirkt. Zwei knapp 2,5 m lange Lanzen, komplett mit Schaft und stumpfen oder scharfen Schaft-Dornen wurden in La Tène gefunden.

In einigen Gegenden benutzten Krieger offenbar auch Bögen. Die Schleuder, die zwar die einfachste und billigste aller Fernwaffen ist, aber auch sehr viel Übung zur Erlangung von Zielgenauigkeit verlangt, wurde ebenfalls benutzt. Die großen Lager von Schleuder-„Munition", die in mehreren keltischen Verteidigungsanlagen gefunden wurden, haben wir bereits erwähnt. Die Effektivität eines Schleudersteins darf nicht unterschätzt werden. Schwere „Pflastersteine", die mit großer Geschwindigkeit geschleudert wurden, konnten sogar bei Soldaten, die einen Metallhelm trugen, tödliche Verletzungen verursachen, und oft müssen schwere Brüche der Gliedmaßen durch solche Treffer hervorgerufen worden sein. Es gibt eine Denkschule, die der Ansicht ist, dass die Bauweise der Verteidigungsanlagen rund um keltische Wallburgen von der flächendeckenden Einführung der Schleuder bestimmt wurde und möglichst effektive Schussfelder und „Todesstreifen" konzipiert werden sollten.

Der keltische Streitwagen

„Ich sehe einen Streitwagen aus edlem Holz mit Flechtarbeiten, der auf Rädern aus weißer Bronze fährt. Eine Deichsel aus weißem Silber, mit einem Aufbau aus weißer Bronze. Sein Aufbau ist sehr hoch, aus knarzendem Kupfer, rund

„Anthropoide" Schwerter und Hefte: (A) Bronze, aus Nord-Grimston, Yorkshire. (B) Bronze, aus Catillon-sur-Indra, Frankreich. (C) Bronzeheft und Eisenklinge von der Witham in Lincolnshire. (D) Bronzeheft u. Eisenklinge aus Mainz, Deutschland. Alle etwa 1. Jh. v. Chr.

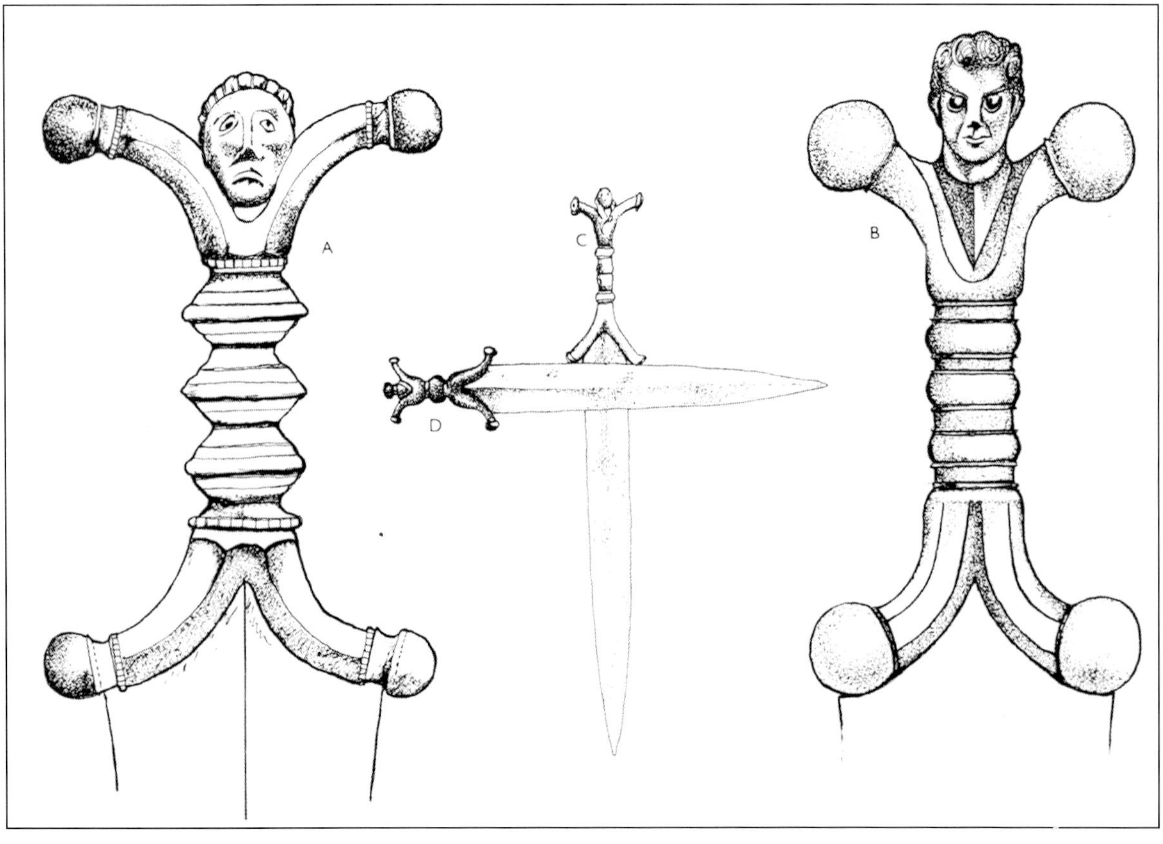

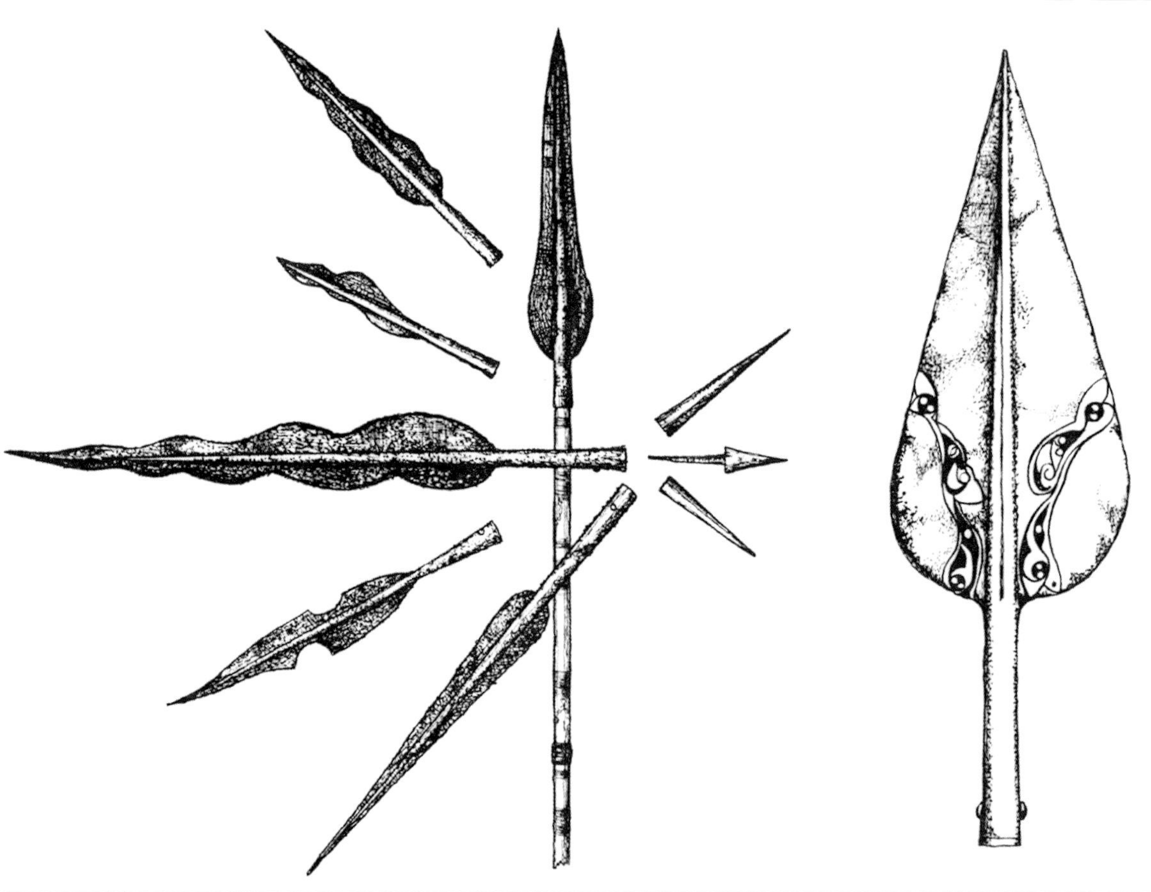

Keltische Lanzen-und Speerspitzen und drei Schaft-Dornen aus La Tène im Departement Marne, Alesia und Südengland. (Rechts) Eine eiserne Lanzenspitze mit Einlagen aus Bronze im „insularen La-Tène"-Stil der britischen Kelten. Diese prächtige Waffe wurde bei Datchet, Berkshire, in der Themse gefunden und stammt aus dem 1. Jh. v. Chr.

und fest. Ein starkes, geschnitztes goldenes Joch, zwei fest geflochtene gelbe Zügel und Achsen, hart und gerade wie Schwertklingen." Diese Beschreibung aus „The Wooing of Emer", einer irischen Legende aus dem Ulster-Zyklus sollte nicht als exakte Beschreibung gesehen werden und stammt selbstverständlich aus einer Zeit lange nach den römisch-keltischen Konfrontationen. Dennoch zeigt die Erfahrung, dass solche mündlichen Traditionen außerordentlich langlebig sind, und führende Experten wie Dr. Anne Ross glauben, dass die irischen Legenden wertvolle Überbleibsel der frühesten keltischen Kulturen sind und wir durch sie einen flüchtigen Einblick in diese bekommen können.

Um das Jahr 1580 v. Chr. wurde das Volk der Hyksos nach 200-Jähriger Besatzungszeit aus Ägypten vertrieben. Bald darauf standen gut ausgebildete Streitwagen-Geschwader, die ein Vermächtnis der Hyksos waren, an der Spitze ägyptischer Invasionen auf dem „fruchtbaren Halbmond", die im Norden bis nach Syrien vordrangen. Sowohl die indogermanischen Hyksos-Streitwagenfahrer als auch deren ägyptische Schüler benutzten leichte, flexible, zweirädrige Wagen, die von temperamentvollen Pferden gezogen wurden.

Der keltische Streitwagen war ein zweirädriges Gefährt mit einer länglichen Plattform, unter deren Mitte die Achse befestigt war. Auf beiden Seiten der Plattform waren Seitenteile angebracht, die aus doppelten halbkreisförmigen Holzbögen bestanden, die mit Holz, Leder, Flechtarbeiten oder einer Kombination dieser Materialien ausgekleidet waren. Nach vorherrschender Meinung waren Zügel mit Metallösen an dem Achsengehäuse angebracht, um den Zug direkt an die Räder zu leiten. Die Mittelstange war mit dem Achsengehäuse und der Plattform verbunden. (Die keltischen Streitwagen-Taktiken werden weiter unten erklärt, vor dem Abschnitt zu Alesia.)

Kavallerie

Adlige Gallier und ihr enges Gefolge bildeten die Ränge der Kavallerie. Man kann davon ausgehen, dass die meisten Metallhelme trugen und dass die Adligen und die reicheren Gefolgsleute über die oben beschriebenen Kettenhemden verfügten. Außer mit Schwertern waren sie mit Lanzen und Wurfspeeren ausgestattet. Die Schilde der gallischen Kavallerie werden allgemein als rund oder oval beschrieben, es konnten aber auch Ovale sein, deren obere und untere Enden gerade abgeschnitten wurden. Kavallerie-Taktiken waren normalerweise einfach: Erst ergoss sich ein Speerschauer über den Gegner, auf den ein Angriff mit Lanzen und Schwertern folgte. Die gallische Kavallerie (von Cäsar „Ritter" genannt) war das spätere Äquivalent zu den adligen Wagenlenkern einer früheren Epoche. Allem Anschein nach waren sie gut ausgestattet und verfügten über Pferde mit einer Widerristhöhe von etwa 140 cm.

Skulpturen zeigen, dass keltische Sättel einen Knauf an beiden Enden des Sitzes hatten. Spätere römische Sättel derselben Art, die anhand von Skulpturen und erhaltenen Überresten rekonstruiert wurden, sind sauber gesäumt und abgesteppt, mit bronzenen Verstärkungen in den Knäufen und bronzenen Bolzen an den länglichen Seitenteilen. Metallscheiben und andere Ornamente wurden am Geschirr befestigt. Sowohl gebrochene als auch ungebrochene Trensen wurden verwendet, erstere offenbar häufiger.

Für eine Rekonstruktion der keltischen Kavallerie ist es sinnvoll, von den Römern ausgehend rückwärts zu blicken. Bereits im gallischen Krieg heuerte Rom von den befriedeten gallischen Stämmen Söldner-Kavallerieeinheiten an, und Gallien (zusammen mit Thrakien) stellte über Jahrhunderte den Großteil der Kavallerie-Hilfstruppen der römischen Armee. Keltische Ausstattungsteile blieben auch lange nach der Eingliederung der keltischen Gebiete in das Römische Reich verbreitet.

KRIEGSFÜHRUNG

Der Gallier, ob zu Fuß oder auf dem Pferd, war in erster Linie ein Schwertkämpfer.

Die Kriegermassen der Infanterie waren der furchteinflößendste Teil einer gallischen Armee. Sie kamen als

Römische Marmorkopie eines bronzenen Originals einer Statue aus Pergamon, die Attalos I. errichten ließ. Die Statue erinnerte an Attalos` Sieg über die Kelten Kleinasiens (die Galatae oder „Galater") im Jahr 240 v. Chr. Dieses faszinierende Stück ist heute als „der sterbende Gallier" bekannt. Beachten Sie den Torques, den Schnurrbart und die möglicherweise mit Kalkpaste geformten Haarspitzen. *(Museo Capitolino, Rom)*

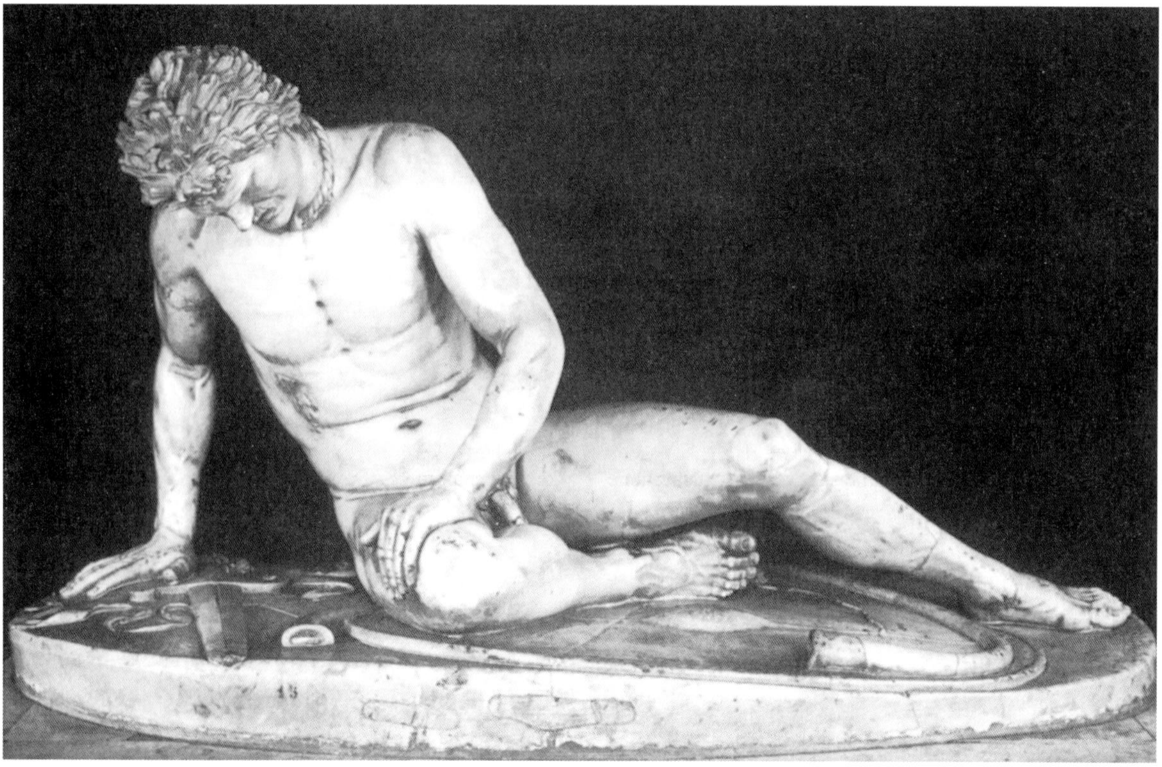

„schwere“ Infanterie in direkten Kontakt mit feindlichen Truppen. Zuerst schwangen sie ihre langen Schwerter durch die Luft und überschütteten ihre Feinde mit Schmähungen, während sie zu kreischenden Kriegstrompeten ihre Waffen rhythmisch auf ihre Schilde schlugen und ihre Fahnen fliegen ließen. Dann rollten die großen Schwertkämpfer wie eine Welle los und rannten brüllend auf die feindlichen Linien zu. Etwa 30 Meter entfernt schleuderten sie ihre Speere und Sekunden später brachen einzelne Krieger unter Einsatz ihrer mächtigen Körper die gegnerischen Linien auf.

Scheiterte dieser erste Angriff, folgte eine ganze Serie solcher Attacken, nur unterbrochen durch kurze Ruhepausen. Die Angriffe dauerten an, bis der Feind geschlagen war oder bis die Gallier erschöpft waren und sich zurückzogen oder einfach trotzig ihre Stellung behaupteten. Auf diese wilden Attacken antworteten die römischen Legionen mit Speersalven, gefolgt von einem sich verändernden Wechselsystem, das nach einer festgelegten Zeit frische oder ausgeruhte Truppen an die Kampflinie brachte. Polybius, der Anfang des 2. Jh. v. Chr. geboren wurde, scheint die Informationen, die er benötigte, nicht nur aus offiziellen Quellen zusammengetragen zu haben, es ist vielmehr gut möglich, dass er zudem Zeugen befragte, die die Ereignisse von 225 v. Chr., als die Gallier aus Norditalien in Rom eingefallen waren, überlebt hatten. Er schreibt, dass vor allem die Boier, die Insubrer und die Taurisker der Alpenregion daran beteiligt waren. Abenteurer aus Gegenden jenseits der Alpen wurden ebenfalls eingeladen, an der Eroberung teilzunehmen. Bei Polybius ist zu lesen, dass die italienischen Gallier „auf den großen Reichtum der Römer verwiesen und auf die reiche Beute, die ein Sieg bringen würde [...]“ So angelockt, wurde das gallische Heer durch eine große Zahl erfahrener gallischer Krieger aus dem Rhônetal verstärkt.

Rom war sich der Gefahr bewusst. Von Panik erfasst sandten die Bürger die Armee und große Reserven nach Norden, „denn der Schrecken vor den Galliern steckte ihnen noch immer in den Knochen.“ Kontingente anderer italischer Völker verstärkten dieses große Verteidigungsheer, darunter auch die gallischen Cenomanen und die illyrischen Veneter. Damit standen den Galliern zwei große und schlagkräftige Armeen gegenüber. Hinter ihnen stand eine zusätzliche Landwehr aus älteren Männern und Jugendlichen. Um einer Prophezeiung entgegenzuwirken, die besagte, dass eines Tages die Griechen und die Gallier das gesamte römische Territorium einnehmen würden, wurden ein griechischer Mann und seine Frau sowie ein keltisches Ehepaar geopfert, indem man sie lebendig begrub.

Nach einem anfänglichen Erfolg, der durch ein geschicktes Täuschungsmanöver erzielt wurde, wurden die Gallier auf dem Kap von Talamone von zwei römischen Armeen eingeschlossen, wo sie sich hinter zwei- und vierrädrigen Streitwagen verschanzten. Unter wildem Gebrüll der italienischen Gallier warfen die Gaesatae-Krieger ihre Kleidung ab und griffen die römischen Linien mit Wurfspeeren an. Nachdem eine gallische Kavallerie-Offensive gescheitert war, griff die Infanterie den Feind wütend an. Die nackten Gaesatae, große Speerkämpfer, die mit goldenen Armbändern und Torques geschmückt waren und deren Mähnen mit Kalk gehärtet waren, stürmten wieder und wieder in „besinnungsloser Wut auf den Feind ein“, der sich hinter seinen Schilden vergrub.

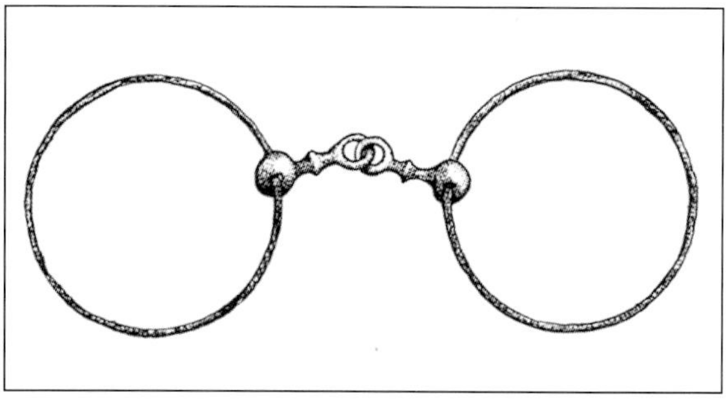

Eiserne Trense der La-Tène-Zeit aus Marin-Epagnier, Schweiz. Die Kelten waren leidenschaftliche Reiter und fertigten viele Geschirrteile an, die später fast unverändert von den Römern übernommen wurden. Neben den einfachen Trensen wurden auch komplexere Kandaren gefunden, die stärker auf das Pferd einwirkten.

Zutiefst enttäuscht verweigerten die Gallier den Rückzug 40.000 sollen getötet worden sein und weitere 10.000 gerieten in Gefangenschaft. Unter ihnen war Aneroestes, einer der beiden Könige. Der andere König und seine Gefährten begingen Selbstmord.

In anderen keltischen Regionen gab es ebenfalls Gruppierungen, die diesen nackten gallischen Kriegern aus der Alpenregion entsprachen. Weder Diodorus Siculus noch Polybius gelang es, den wahren Grund zu erschließen, warum sie sich zum Kampf ihrer Kleidung entledigten. Der Name „Gaesatae“ kommt von dem keltischen *gae* für Speer und bedeutet Speerkrieger. Diese jungen Männer gehörten keinem Stamm an und ließen sich von jedem anheuern, der ihnen Bezahlung oder Beute versprach. Fast sicher ist auch, dass sie legendäre todgeweihte Krieger waren. Solche Söldnerkrieger hatten ein irisches Ebenbild: Die Fenierhorden des frühen Mittelalters erinnerten an die Gaesatae und wurden in alten irischen Märchen als „ecland, Stammeslose“ beschrieben.

Die Kimbernkriege

Ein Vierteljahrhundert nach der grausamen Plünderung Karthagos und der Zerstörung Korinths beherrschten die Römer Spanien, Griechenland, Südgallien, Nordafrika, Lydien, Phrygien und das Mittelmeer. Abgesehen von internen politischen Unruhen waren die Gebiete unbehelligt und sicher. Diese relative Ruhe wurde gestört, als Berichte von einer Südwärts-Bewegung einer großen Gruppe nomadischer Barbaren aus dem Norden aufkamen. Dem römischen Geschichtsschreiber Plutarch zufolge waren es über 300.000 Krieger und ihre Familien. Zwei Stämme unbekannter Herkunft, die man Kimbern und Teutonen nannte, folgten ziellos einer südlichen Route entlang der heutigen Städte Magdeburg, Dresden und Wien. In dem Gebiet des heutigen Böhmens trafen sie auf die gallischen Boier, die sie überzeugten, ihren Weg friedlich fortzusetzen.

Südlich der Donau, nahe dem heutigen Belgrad, kämpften sie gegen die Skordisker, einen mächtigen Stamm der Donaukelten. Dort erlitten sie eine Niederlage und wandten sich westwärts, entlang der Drau nach Noricum (Österreich). Um 113 v. Chr. näherte sich die große Horde dem Gebiet der Taurisker, einem gallischen Stamm, der mit den Römern ein Schutzabkommen geschlossen hatte. Angesichts der bevorstehenden Invasion riefen sie die Römer um Hilfe. Als der Konsul dieses Jahres, Carbo, mit einer großen Armee eintraf, bereiteten sich die Kimbern und Teutonen zum Abzug vor. Der römische Konsul war jedoch nicht an einem friedlichen Rückzug interessiert und zwang die Barbaren, sich bei Noreia (Kärnten) dem Kampf zu stellen. Carbos Fähigkeiten als Heeresführer waren nicht annähernd so groß wie seine Ruhmsucht, so dass seine Legion nur durch ein schweres Gewitter vor der totalen Vernichtung gerettet wurde. Carbo ver-

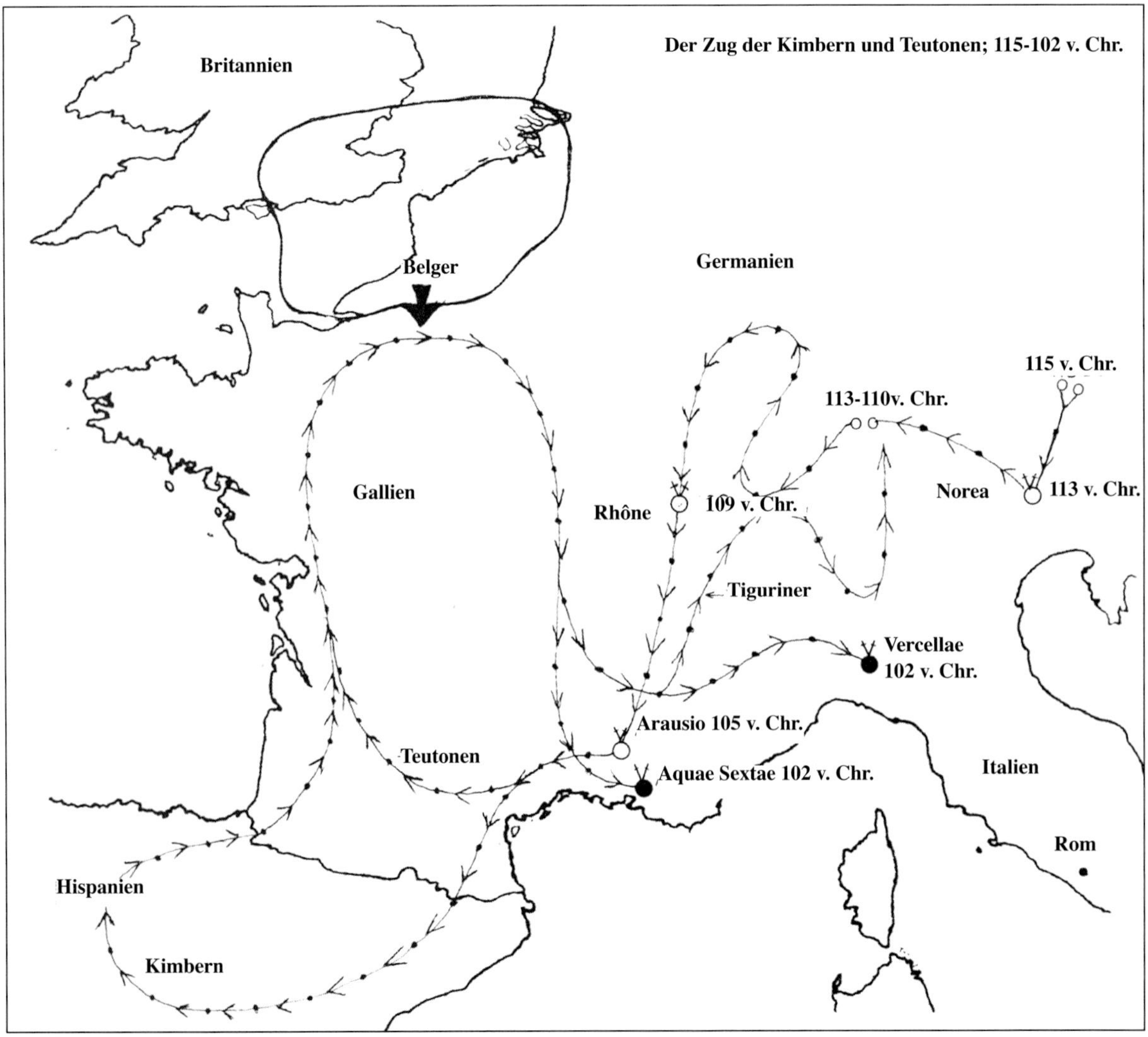

giftete sich nach alter römisch-republikanischer Tradition. Obwohl ihnen nun bewusst war, dass sie gegen die Legionen bestehen konnten, wandten sich die Horden von Italien ab, in Richtung Nordwesten. Während der folgenden drei Jahre lebten sie am Fuß der Alpen in der Nähe der Donauquelle.

Um 110 v. Chr. hatten die Wanderer den Rhein bei Schaffhausen überquert und waren in das Jura und nach Gallien vorgedrungen, wo sich ihnen die Tiguriner und andere Gallier anschlossen. Die Römer entsandten den Konsul des Jahres 109 v. Chr., M. Julius Silanus, mit einer Armee in das östliche Gallien, wo die Kimbern und Teutonen um Land gebeten hatten. Diese Forderung wurde von den Römern abgelehnt. Stattdessen griff die Armee des Konsuls an und erlitt im Rhônetal eine herbe Niederlage. Die Nachricht von dem neuerlichen Unheil der Römer machte schnell die Runde, und andere Gallierstämme begannen widerspenstig zu werden. Die Eindringlinge, helvetische Gallier, die die Horde der Kimbern verstärkt hatten, zogen nun nach Norden und ließen sich entlang der Nordgrenzen des römischen Galliens nieder.

Im Jahr 107 v. Chr. erhoben sich die tektosagischen Völker zu einem Aufstand. Diese Gallier, die seit langem auf römischem Gebiet lebten, wurden aber von einer Armee des Konsuls Cassius Longinus besiegt. Diese Armee verfolgte die Gallier weiter und trieb die Tiguriner durch das Tal der Garonne. Dort jedoch geriet die römische Armee in einen Hinterhalt, in dem sie fast vollständig vernichtet und ihr Anführer Longinus getötet wurde. Die Überlebenden erreichten das römische Lager, wo sie ihr Leben mit der Hälfte der Bagage erkauften und anschließend von den Galliern in einem schmachvollen Unterwerfungsritual „unter das Joch geschickt" wurden.

Der Konsul von 106 v. Chr., Q. Servilius Caepio, hatte seine Fähigkeiten als Heeresführer durch einen Triumph in einem Spanienfeldzug bewiesen, und es gelang ihm auch, die Völker wieder zu befrieden. Bei der Rückeroberung von Toulouse stand ihm der ambitionierte Cn. Mallius Maximus, ein Bewohner der Provinz mit konsularem Rang, mit einer zweiten Armee zur Seite. Die beiden Befehlshaber waren untereinander zerstritten. Als sie erfuhren, dass die Kimbern und die Teutonen das Rhônetal herabzogen, gelang es ihnen dennoch, unter dem Kommando von Mallius ihre Armeen auf der Nordseite der Rhône in Stellung zu bringen. Am 6. Oktober 105. v. Chr. wurde die römische Vorhut bei Orange vernichtet. Am frühen Vormittag lag die Armee von Caepio in heftigem Kampf mit dem Barbarenheer. Schließlich brachen die römischen Linien und die Invasoren stürmten weiter, um die Armee von Mallius anzugreifen. Etwa eine Stunde später erreichten sie das römische Lager. Die Römer saßen in der Falle: Mit dem Rücken zum Fluss kämpften sie bis zum

Bronzehelm mit verstärktem und mit Knäufen verziertem Kamm aus dem 1. Jh. v. Chr. *(Schweiz. Landesmuseum, Zürich)*

Tod. Den beiden Generälen gelang im letzten Moment die Flucht.

104 v. Chr. wurde Gaius Marius ein zweites Mal zum Konsul ernannt. Dies war eine Notmaßnahme, die gegen die Regeln des Senats verstieß. Zu diesem Zeitpunkt 25 Jahre alt, war Marius ein geborener Soldat. Er strukturierte die römische Armee vollständig um: Die Legionäre waren von nun an nicht mehr für eine kurze Zeit eingezogene Bürger, sondern professionelle Infanteristen, die von einem sekundären Hilfstruppen-Heer unterstützt wurden. Diese neue Armee wurde bis zum Letzten gedrillt, trainiert und abgehärtet.

Unterdessen umgingen die Barbaren nach dem Sieg bei Arausio Italien und durchwanderten die Landstriche Westgalliens und Nordspaniens, um schließlich umzukehren und wieder nach Norden zu verschwinden.

102 v. Chr. tauchten sie plötzlich in der Provence wieder auf. Marius reagierte schnell und eilte von Rom aus nach Norden, wo seine Armee in einem befestigten Lager am unteren Lauf der Rhône auf ihn wartete. Er wusste jetzt, dass seine Armee drei kampflustigen Stämmen gegenüberstand, die sich bewusst waren, dass sie gegen jeden römischen Gegner bestehen konnten. Ihr Kampfgeist war ungebrochen, obwohl sie von den Belgern in Nordgallien zurückgeschlagen worden waren. Nun unterlief ihnen ein taktischer Fehler, als sie ihre Truppen vor dem Feind teilten: Von Westen her folgten die Teutonen und Ambronen der Küstenstraße und attackierten erfolglos römische Stellungen. Schließlich brachen sie ab und hielten auf die italienischen Pässe zu. Marius, der sich zu diesem Zeitpunkt in seinem vierten Konsulat befand, brach sein Lager ab und es gelang ihm, die Kelten mit sorg-

fältig geplanten Eilmärschen zu überholen. Bei Aquae Sextiae (Aix-en-Provence) erwartete er die Barbaren in vorbereiteten Stellungen, die über das Tal verteilt waren. Unmittelbar nachdem die Ambronen im Tal eingetroffen waren, starteten sie ihre Attacke. In ihrem Versuch, bis zu den römischen Stellungen vorzudringen, wurden sie fast vollständig vernichtet. Als am nächsten Tag die Teutonen in den Kampf zogen, wurden diese durch einen Überraschungsangriff in den Rücken geschlagen, bei dem die meisten von ihnen umkamen oder in Gefangenschaft gerieten.

Nachdem die Kimbern den Brenner überquert hatten, standen sie bei Tridentum (Trient) dem senatorischen General Catulus gegenüber. Dessen Armee verweigerte den Kampf, so dass er das italienische Gallien verlassen musste und sich über den Po zurückzog. Marius brach seinen eigenen Siegeszug ab und traf Catulus mit seiner Armee am Po. Im Hochsommer des Jahres 101 v. Chr. überquerten sie den Fluss und stellten die Kimbern in der Raudinischen Ebene, in der Nähe von Vercellae. Der König der Kimbern ritt auf seinem Pferd heran, um Marius zu einem Einzelkampf herauszufordern, dessen Sieger Italien erhalten sollte. Man antwortete ihm, dass dies nicht den römischen Bräuchen entspräche. Plutarch schreibt, dass daraufhin die Infanterie der Kimbern in einem riesigen Quadrat von 6 Kilometern Seitenlänge vorzurücken begann. Diese Krieger waren jeder mit zwei Wurfspeeren und einem Schwert ausgerüstet. Die ca. 15.000 Mann starke Kavallerie trug Helme in Form von Tierköpfen, die mit Federbüschen geschmückt waren, weiße Schilde und eiserne Brustpanzer. In der blendenden Sonne und der ungewohnten italienischen Hitze traf die Kimbern-Infanterie in einer riesigen Staubwolke auf die römischen Legionen. Die vordersten Reihen der nordischen Krieger waren an ihren Gürteln zusammengekettet, um eine undurchdringliche Linie zu bilden. Beinahe alle kamen in diesem Kampf um. Einige Überlebende wurden von den Frauen getötet, die sich anschließend selbst umbrachten. Man sagt, dass in dieser Schlacht über 60.000 Gefangene gemacht wurden, und über 120.000 Mann ihr Leben ließen. „Nie zuvor zehrten die aasfressenden Vögel Italiens von solch gigantischen Leichnamen.“ Die Tiguriner kehrten in die Schweiz zurück, und ließen sich dort nieder.

Dies war das Ende des Epos der großen Invasion: Marius war zu einem Halbgott geworden. Carbo, Silanus Mallius und Caepio hingegen waren in Schande und Schmach geraten und fünf römische Armeen waren vernichtet worden. Nun wurde mehr als deutlich, dass unbedingt die vollständige Kontrolle über Gallien erlangt werden musste, weil dies allein die einzig sichere Verteidigung für die römischen Kerngebiete südlich der Alpen war. Der bedeutendste griechische Gelehrte seiner Zeit, Posidonius von Apameia, reiste im letzen Viertel des 1. Jh. v. Chr. von Rom nach Massilia (Marseille) und Spanien, um herauszufinden, ob die drei Stämme, die eingefallen waren, zu den Kelten gehörten. Sein erster Schluss war, dass nichts über die Kimbern bekannt war und auch nichts über sie bekannt sein konnte. Sie waren von Norden her bei den Skordisker-Kelten aufgetaucht, strömten durch die Gebiete der Taurisker-Kelten bis hin zu den helvetischen Stämmen, die ebenfalls Kelten waren. Die Tiguriner und die Teutonen, zwei der drei Stämme des helvetischen Bündnisses, waren von diesen ursprünglichen Stammesleuten so beeindruckt, dass sie sich ihnen anschlossen. Posidonius hatte die Möglichkeit, das Schlachtfeld bei Aquae Sextiae zu besichtigen, und als Gast von Griechen aus Massilia und von keltischen Adligen erhielt er Wissen aus erster Hand, das kein anderer Gelehrter, weder zu dieser Zeit, noch irgendwann danach, haben konnte: Er konnte mit Menschen sprechen, die die Barbaren mit eigenen Augen gesehen hatten. Heutzutage ist man der Ansicht, dass die Kimbern ein germanischer Stamm der nordischen Kelten waren, da alle bekannten Anführer rein keltische Namen trugen. Laut Posidonius waren die Teutonen und die Tiguriner helvetische Kelten und die Ambronen ein mit ihnen verwandter Stamm.

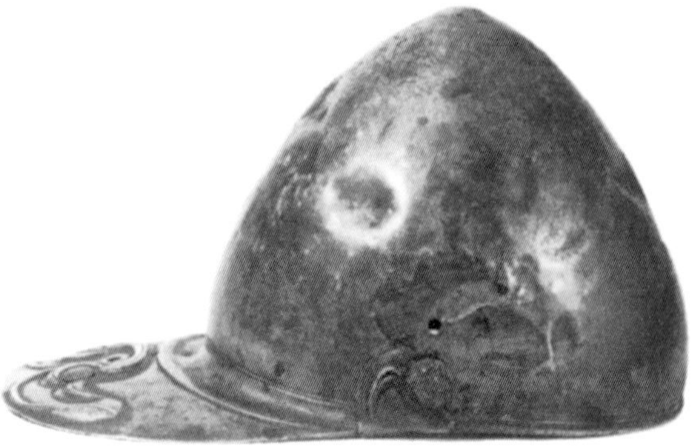

Konischer Bronzehelm aus dem 2. Jh. v. Chr., der in Nordengland gefunden wurde. Die Verbindung des großen, mit Schnörkeln verzierten Nackenschutzes mit der Schale ist durch einen dicken Falz aus Metall verstärkt. Der Rand ist umgebogen und auf beiden Seiten hat der Helm eine verschnörkelte Verzierung. Die hervorstehenden schraffierten Bolzen waren ursprünglich aufwändig emailliert.
(Meyrick-Sammlung, British Museum)

Der Gallische Krieg

Im Jahr 59 v. Chr. wurde der gleichermaßen fähige wie ambitionierte Politiker Gaius Julius Cäsar im Alter von

Häuptlinge und Krieger der frühen La-Tène-Zeit; spätes 5. Jh. v. Chr.

A

B

Gallische Kavalleristen der späten La-Tène-Zeit; 1. Jh. v. Chr.

Angus McBride

Belgischer Streitwagenlenker und Edelmann aus Britannien; 1. Jh. v. Chr.

Späte gallische Krieger; ca. 52 v. Chr.

E

Verschiedene Typen keltischer Infanterie;
1. Jh v. Chr./1. Jh. n. Chr.

Gardekavalleristen der römischen Armee;
frühes 2. Jh. n. Chr.

G

41 Jahren zum Konsul ernannt. Im darauf folgenden Jahr wurde er zum Statthalter von Gallia Cisalpina (Norditalien) und Illyricum (römischer Balkan) bestellt. Kurz vor seinem Aufbruch nach Illyricum starb der designierte Statthalter der Gallia Narbonensis (römisches Südgallien), woraufhin diese Provinz ebenfalls der Verantwortung Cäsars unterstellt wurde. Diese Position als mehrfacher Statthalter verschaffte ihm viele Möglichkeiten. Das Gebiet grenzte direkt an das freie Gallien an, in dessen politische Geschehnisse sich Rom ohnehin schon regelmäßig einmischte. Alle Versuche, das Land zu vereinen, wurden von römischen Beauftragten vereitelt. Norditalien eignete sich hervorragend für die Rekrutierung von Truppen. In den Jahren 61-60 v. Chr. hatte Cäsar im Kampf gegen die Keltiberer und Lusitanier in Spanien einen guten Ruf als Feldherr erworben. Die Eroberung des freien Galliens würde diesen Ruf festigen und bot dem zu dieser Zeit stark verschuldeten Cäsar zudem die Gelegenheit, großen Reichtum zu erlangen.

Im freien Gallien versammelte der erfolgreiche Geldgeber und Haeduer-Prinz Dumnorix um sich herum eine beachtliche Schar von Gefolgsleuten. Sein Bruder und Anführer des Stammes, Divitacus, stellte sich gegen seinen Aufstieg und floh im Jahr 60 v. Chr. nach Rom, wo er sich mit Cicero anfreundete. Divitacus behauptete, dass Dumnorix beabsichtige, zuerst die Macht über die Haeduer und danach über das ganze Gallien zu übernehmen. Er hatte sich mit den Sequanern verbündet, die den germanischen Sueben im Gegenzug für ihre Dienste als Reservetruppen unter Dumnorix erlaubten, Gebiete im Elsass zu besiedeln. Der Zustrom der germanischen Stämme gegen Ende 59 und Anfang 58 v. Chr. stellte eine Situation der Völkerwanderung dar, die Cäsar die Chance eröffnete, sich in Gallien einzumischen.

Als die Germanen durch das Gebiet der Helvetier zogen, zerstörten diese ihre Dörfer und ihre Felder und zogen sich nach Gallien zurück. An der Rhône baten sie um Erlaubnis, das von den Römern beherrschte Gebiet der Allobroger zu durchqueren. Cäsar verweigerte den Durchgang und stellte ihnen eine hastig zusammengestellte Armee gerade verfügbarer Truppen entgegen. Im Jura änderten die Helvetier ihre Richtung und strömten durch das Territorium der Sequaner

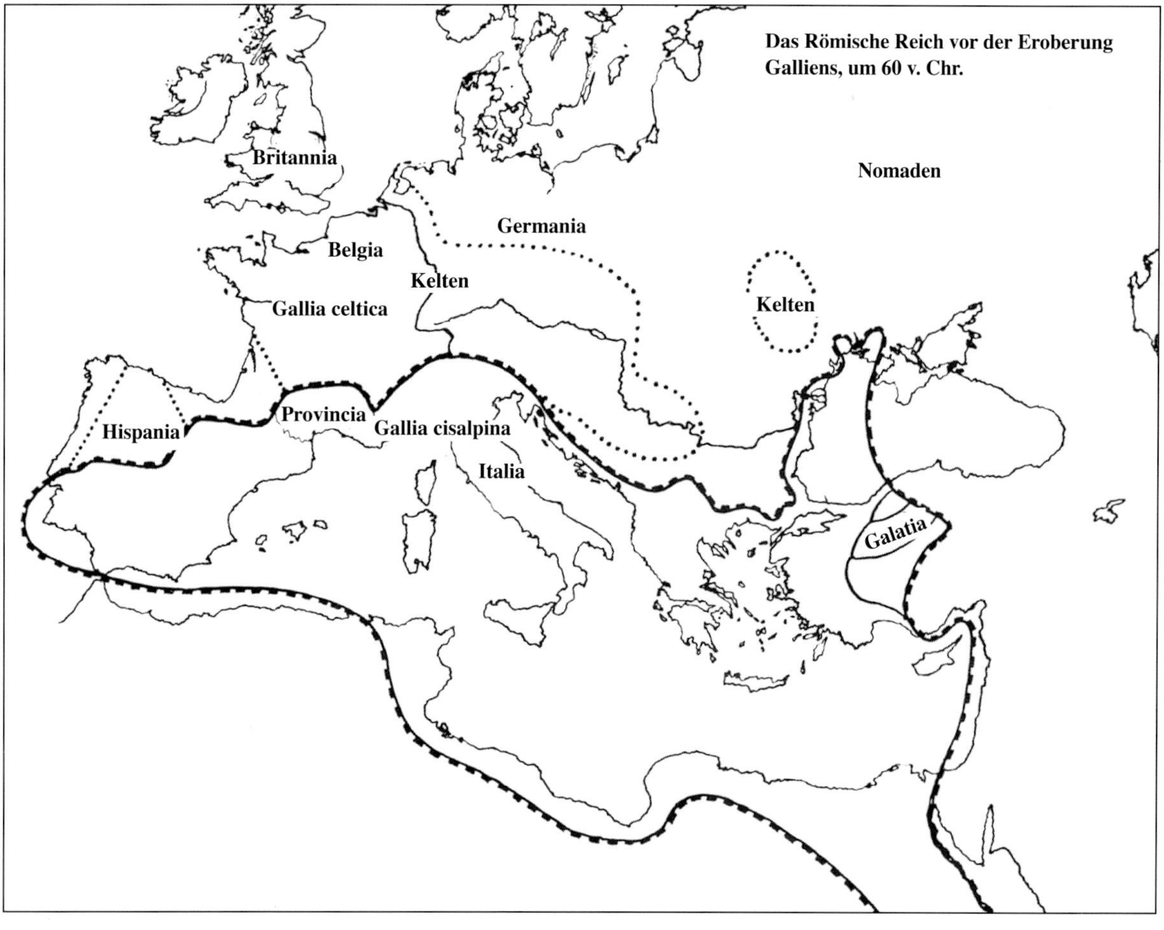

Die wichtigsten Stämme Galliens um 60 v. Chr.

geradewegs die Pässe in das freie Gallien hinab. In seinen Berichten an den Senat malte Cäsar ein blutrünstiges Bild von den Helvetiern, indem er sie als Mörder, Vergewaltiger und Landbesetzer beschrieb. Dadurch gelang es ihm, die Verstärkung seiner Armee mit Truppen aus norditalienischen Garnisonen zu rechtfertigen. Cäsar drang rasch in das freie Gallien vor, wo er bei Bibracte (Autun) auf die Helvetier traf und ihnen eine schwere Niederlage mit hohen Verlusten zufügte. Die Überlebenden Helvetier wurden in ihre schweizerischen Stammesgebiete zurückgedrängt.

Der römische Senat war in einem apathischen Zustand, und Cäsar war ein überaus geschickter politischer Manipulator. Dank der indirekten Unterstützung durch Divitiacus, der um die römische Anerkennung seines rechtmäßigen Führungsanspruchs bei den Haeduern bemüht war, konnte Cäsar den Senat dazu bewegen, ihn in seiner Rolle als „Protektor der Gallier" anzuerkennen, wodurch er faktisch freie Hand hatte. Vielen Galliern muss zu diesem Zeitpunkt klar geworden sein, dass sowohl Rom als auch die germanischen Stämme aus dem Osten stark genug waren, ihr Land einzunehmen. Überlegungen, welcher der Eroberer am besten gallischen Interessen gerecht werden würde, blieben theoretischer Natur. Einfallende Germanen boten Cäsar einen ausreichenden Vorwand, um selbst nach Gallien vorzudringen.

58 v. Chr. besiegte er im Elsass die von Ariovistus angeführten germanischen Sueben und errichtete Garnisonen östlich der Saône auf dem Gebiet der Sequaner. Ein Jahr später schwand in Nordgallien der Widerstand der Belger gegen die Errichtung römischer Stellungen an der Aisne. Die chronische Uneinigkeit der Kelten führte dazu, dass die Belger in einzelne Stämme zerfielen, die einer nach dem anderen besiegt wurden. Im selben Jahr unterwarf Cäsars Leutnant Publius Licinius Crassus die heutige Normandie und die Bretagne. An der Sambre schlug Cäsar die Nervier und die Atuatucer, wobei er einige schwierige Situationen zu durchstehen hatte, die er jedoch durch seinen besonnenen Führungsstil meisterte, dank dem es ihm gelang, das furchtlose Ungestüm der Kelten gegen sie selbst zu wenden. 56 v. Chr. zettelten die Veneter, die den Südwesten der Bretagne bevölkerten, einen Aufstand an, der von den bis dahin unbesiegten Morinern aus dem Pas-de-Calais und den Menapiern vom Niederrhein unterstützt wurde. Die Veneter waren für ihre große Flotte bekannt. Sie führten einen aktiven Handel mit ihren belgischen Verwandten auf der anderen Seite des Ärmelkanals im Süden Britanniens und erhoben entlang ihres Teils der Atlantikküste einen Zoll von anderen Schiffen. 56 v. Chr. lag Crassus auf dem Territorium der Veneter mit der VII. Legion im Winterlager. Nahrungsmittel wurden knapp, und Crassus sandte Offiziere aus, um von benachbarten Stämmen Nachschub zu erhalten. Die zu den Venetern gesandten Tribune Titus Sillius und Quintus Vellanius wurden umgehend gefangen genommen und die anderen Stämme folgten diesem Beispiel. Crassus wurde eine Botschaft übersandt, die im Gegenzug für die Herausgabe der Offiziere die Freilassung gallischer Geiseln forderte.

Cäsar, der zu diesem Zeitpunkt das östliche Gallien und Illyricum besichtigte, wurde informiert und befahl, an der Loire sofort mit dem Bau von Schiffen zu beginnen und Besatzungen im südlichen römischen Gallien zu rekrutieren. Unter den Kriegsschiffen nach mediterraner Bauart waren schwere Quinqueremen, mittlere Triremen und leichte Liburnen. Die Schiffe der Veneter waren offenbar ziemlich massive Konstruktionen aus schweren, mit eisernen Bolzen verbundenen Baumstämmen. Sie wurden nicht mit Rudern, sondern allein von großen Ledersegeln angetrieben, hatten einen geringen Tiefgang und hohe Dollborde, um die Besatzung vor feindlichem Beschuss zu schützen.

Die Seeschlacht fand im Herbst des Jahres 56 v. Chr. bei Quiberon in der Nähe von Lorient statt. Die Römer zerschnitten die Betakelung der venetischen Schiffe mit langstieligen Sicheln, und das Schicksal der keltischen Seeleute war endgültig besiegelt, als der Wind abflaute. Nun konnten die dahintreibenden *Pontons* nacheinander von den wendigeren, rudergetriebenen römischen Schiffen aufgebracht werden. Die Veneter wurden für ihren Aufstand gnadenlos bestraft. Die Moriner und Menapier erlitten später das gleiche Schicksal.

55 v. Chr. löschte der nimmermüde Cäsar die germanischen Tenkterer und Usipeter aus, die im Winter zuvor den

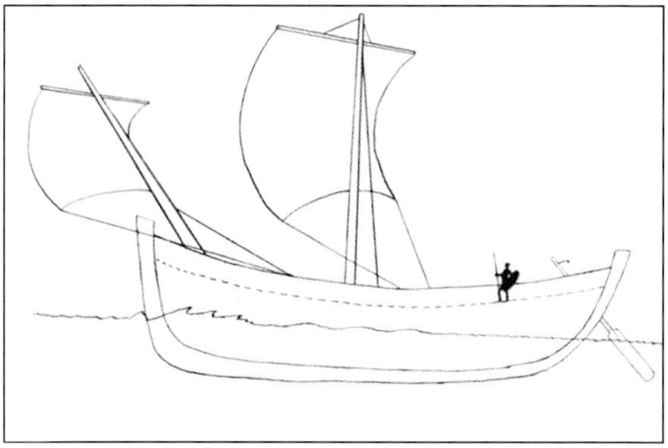

Mögliche Rekonstruktion des von den seefahrenden Venetern aus Nordgallien verwendeten Schiffstyps, 1. Jh. v. Chr.

Niederrhein überquert hatten. Im selben Jahr überbrückte er den Rhein bei Koblenz, verwüstete das germanische Ufer und führte schließlich ein kleines Expeditionsheer nach Britannien.

Der Britannienfeldzug

Man muss bedenken, dass der Ärmelkanal wahrscheinlich nur eine besonders ausgeprägte geographische Grenze zwischen eng verwandten belgischen Volksstämmen war, die in ständigem Kontakt miteinander standen. In seiner üblichen Vorgehensweise bediente sich Rom bereits dieser Verbindung und mischte sich in Stammeskämpfe und dynastische Fehden ein, um eine zukünftige Eroberung zu erleichtern. Cäsar schreibt, dass er, bevor er den Kanal überquert hatte, Gesandte einiger britischer Stämme empfangen hatte, die ihm die Unterwerfung anboten. Bei ihrer Rückkehr nach Britannien wurden sie von Commius begleitet, der als Häuptling des mächtigen südbritischen Stammes der Atrebaten von Cäsar unterstützt wurde. Commius wurde befohlen, die anderen Stammesführer davon zu überzeugen, Rom zu vertrauen und ihnen Cäsars Kommen anzukündigen.

Sein Expeditionen nach Südbritannien in diesem und dem darauf folgenden Jahr 54 v. Chr. waren sicherlich nicht als Invasionen geplant, da die Ressourcen für eine Besatzung nicht vorhanden waren. Daher ist der militärische Hauptgrund für die Überquerung des Kanals wahrscheinlich darin zu sehen, dass die Britonen von der Unterstützung ihrer aufständischen Verwandten im nördlichen Gallien abgebracht werden sollten. Der erste Angriff wurde von dem Cantae-Stamm aus Kent zurückgeschlagen. In der zugehörigen Passage aus seinen Aufzeichnungen zum Gallischen Krieg hinterlässt Cäsar uns die folgende Beschreibung der keltischen Streitwagentaktiken:

„Im Kampf mit dem Streitwagen fahren die Britonen kreuz und quer über das Schlachtfeld und schleudern dabei ihre Speere. Im Allgemeinen reicht der Schrecken, den der Lärm der Pferde und der Wagenräder verursacht, aus, um die feindlichen Reihen durcheinander zu bringen. Nachdem sie sich ihren Weg durch die Geschwader ihrer eigenen Kavallerie gebahnt haben, springen sie [die Krieger höheren Standes, die auf den Streitwagen mitfahren] ab und stellen den Feind zu Fuß. In der Zwischenzeit ziehen sich die Wagenlenker etwas zurück [...] und bringen die Streitwagen in eine Position, die ihren Herren, wenn sie in Not geraten, [...] einen schnellen Rückzug ermöglicht [...]. Durch Übung und tägliches Training erlangen sie solche Fertigkeiten, dass sie die Pferde sogar auf einem steilen Abhang und in vollem Galopp beherrschen und sie augenblicklich anhalten oder wenden können. Sie laufen die Deichsel entlang, stellen sich auf das Joch und sind dann, schnell wie der Blitz, wieder zurück im Streitwagen."

Alesia

Die Uneinigkeit der gallischen Kelten hatte Cäsar ermöglicht, die Stämme einen nach dem anderen zu besiegen, obwohl er nicht über besonders überlegene Truppen verfügte, und es war ihm sogar gelungen die äußerst wirkungsvolle keltische Kavallerie in verschiedenen Feldzügen als Verbündete zu gewinnen. Trotz alledem gab es in diesen Jahren mehrere entschlossene Versuche, Widerstand gegen die römische Expansion zu leisten. Der Haeduer Dumnorix wurde getötet, als er sich der Abschiebung nach England widersetzte. Indutiomarus, der 54 v. Chr. eine römische Festung belagerte, brach diese ab, als er die Geduld verlor, nur um daraufhin von den Verteidigern gejagt zu werden, die schließlich mit seinem Kopf in ihr Hauptquartier zurückkehrten. Ambiorix wurde von Cäsar einmal zu viel besiegt und verschwand am Ende mit nur vier treuen Gefährten in die Wälder. Weitere Anführer wurden gefangen und getötet, manchmal auch durch Folter, was, wie Caesar behauptete, „den Bräuchen ihrer Vorfahren entsprach." Die stärkste Bedrohung der römischen Expansion kam allerdings im Jahr 52 v. Chr. durch eine große Widerstandsbewegung, die von Vercingetorix, dem Sohn von Celtillus aus dem königlichen Haus der Averner, angeführt wurde.

Vercingetorix war ein fanatischer Feind Roms und ein wahrhaft fähiger Anführer, dem jedes Mittel recht war, um sein Ziel zu erreichen. Er verfolgte eine Taktik „verbrannter Erde", um entscheidende Schlachten und Belagerungen zu vermeiden und gleichzeitig die Römer von ihrem Nachschub abzuschneiden. Dörfer wurden niedergebrannt, Brunnen ver-

Bronzene Armreifen aus Schottland; 2./1. Jh. v. Chr.; die Ornamente hatten bunte Strass-Einsätze.

giftet, Straßen und Ernten zerstört und Vieh getötet. Nicht alle Stämme waren bereit, diesen Preis zu bezahlen. So gelang es Vercingetorix nicht, die Biturigen, deren Anführer sich ihm zu Füßen warfen und um ihre Stadt bettelten, dazu zu bewegen, ihre Hauptsiedlung Avaricum (Bourges) zu verlassen und sie zu zerstören. Seine Warnungen vor den Konsequenzen bestätigten sich, als Cäsar Avaricum nach einer schwierigen und langen Belagerung einnahm.

Cäsars Truppen waren ständig Hinterhalten ausgesetzt, sie wurden von allen Seiten attackiert und ihre Nachschubwege unterbrochen. In dem Bewusstsein, dass sich Vercingetorix in der Umgebung befand, belagerte Cäsar Gergovia (nahe Clermont-Ferrand), was eine gut zu verteidigende Festung war, die auf dem Gipfel einer Hügelkette lag und über drei Meter hohen Mauern hatte. Es gelang der Stadt, einen Sturmversuch abzuwehren und selbst einen überwältigenden Angriff von außen zu starten, der die mit der Belagerung beschäftigten Legionen überraschte. Als sich Cäsar am Abend vom Schlachtfeld zurückzog, hatte er 700 Männer und 36 Centurionen verloren und seine erste vollständige Niederlage in Gallien hinnehmen müssen.

Ein großer Hinterhalt folgte: Vercingetorix war nicht in der Lage, seine hitzköpfigen Gefolgsleute im Zaum zu halten, und so wurde aus dem eigentlich geplanten Scheinangriff, der eine von Cäsar angeführte Kolonne von ihrer Bagage trennen sollte, tödliche Realität. In ihrem Kampfesrausch griffen die Kelten alles an, was ihnen in den Weg kam und wurden dabei systematisch von den exzellent ausgebildeten und diszipliniert kämpfenden Legionen abgeschlachtet. Vercingetorix zog seine Truppen nach Alesia an der Seine zurück (dem heutigen Alise-Ste. Reine). Cäsar verfolgte ihn mit einer Streitmacht aus einer 3.000 Mann starken Infantrie und einer germanischen Söldner-Kavallerie. Vor den Toren Alesias angekommen, beschloss Cäsar die klassische Blockadetaktik anzuwenden und errichtete rund um die Stadt eine eigene Barrikade. Während die Legionäre ihren Wall bauten, setzten die Gallier ihnen mit Ausfällen zu und sandten Reiter aus, die andere Stämme um Hilfe ersuchen sollten. Vercingetorix blieb in Alesia, dem Zentrum und Symbol des gallischen Widerstands.

Cäsar zog bei dem Bau der Verteidigungsanlagen alle Register der römischen Kriegskunst. Ein kompliziertes System von trockenen Gräben wurde ausgehoben, ein Nebenfluss der Seine wurde umgeleitet, um einen Wassergraben zu füllen, und weite Flächen wurden mit Krähenfüßen und *lilia* (spitzen, in Fallgruben versteckten Pflöcken) übersät. Es wurden zwei Wälle gebaut: Einer nach innen, in Richtung Alesia, der andere, 24 km lang, nach außen, um ein mögliches gallisches Entsatzheer abzuwehren. Cäsars Belagerer befanden sich so in einem Ring um die Stadt, der sowohl nach vorne als auch nach hinten verteidigt wurde.

Nachdem die Belagerung einen Monat angedauert hatte, verwiesen die Verteidiger die ausgezehrten und kranken Frauen und Kinder aus dem *oppidum*, um keine unnützen Mägen füllen zu müssen. Die Römer weigerten sich, sie ziehen zu lassen, und so starben sie vermutlich langsam und qualvoll im Niemandsland zwischen den zwei Armeen. Bald darauf traf ein gallisches Entsatzheer außerhalb der römischen Linien ein, dessen Größe Cäsar auf 250.000 Infanteristen und 8.000 Reiter von 41 Stämmen schätzte. Wie die meisten von antiken und mittelalterlichen Historikern genannten Zahlen sind auch diese aller Wahrscheinlichkeit nach stark übertrieben. Wie dem auch sei: Das drohende Heer muss eine beachtliche Größe gehabt haben. Cäsar war nun zwischen zwei feindlichen Armeen eingeschlossen und bald wilden Angriffen von beiden Seiten ausgesetzt.

Gegen Abend des ersten Tages der Schlacht setzte Cäsar seine germanische Kavallerie ein, um die Gallier von dem äußeren Verteidigungsring zurückzuwerfen. Der daraus entstandene Vorteil wurde von anderen Kavalleriereserven genutzt, die die Gallier zu ihren Lagern zurückdrängten und mit Wurfgeschossen bewaffnete Krieger, die die Gallier unterstützen, niedermetzelten.

Nach einem Tag der Vorbereitung startete das Entsatzheer einen erneuten Angriff. Gleichzeitig führte Vercingetorix einen Ausfall gegen den inneren Wall des römischen Verteidigungsringes. Nach einem langen und unerbittlichen Kampf wurden beide Attacken abgewehrt. Im Pfeilhagel, der auf den von Krähenfüßen und „Lilia" übersäten „Todesstreifen" niederging, erlitten die Gallier schwere Verluste. Aus unzusammenhängenden Attacken entwickelte sich ein dritter Ansturm auf die inneren und äußeren Seiten von Cäsars Verteidigung, der zu einem Kampf um die Kontrolle eines ungünstigen Abschnitts des Außenwalls wurde, wo es eine Bodenerhebung neben einem Plateau gab. Um einen wilden Ansturm auf diesen Abschnitt abzuwehren, schickte Cäsar sechs Kohorten zur Verstärkung dorthin. Kurz darauf sah er sich gezwungen, weitere elf Kohorten von den angrenzenden Abschnitten des Verteidigungswalls abzuziehen und hierher zu beordern. Schließlich fiel Cäsar selbst den gallischen Angreifern mit weiteren vier Kohorten und einem Teil der römischen Kavallerie in den Rücken. Die Gallier brachen ihren Eroberungsversuch ab, und diejenigen von ihnen, die nicht abgeschlachtet wurden, gerieten in Gefangenschaft, unter ihnen der Anführer des Ansturms, Vercassivelaunus.

Vom Kampfesmut verlassen begann sich das gallische Entsatzheer zurückzuziehen. Die römische Kavallerie nahm die Verfolgung auf, um die Gallier weiter zu schwächen. Cäsar berichtet, dass am nächsten Tag Vercingetorix und die anderen Stammeshäuptlinge an die Römer ausgeliefert und die Waffen der Festung ausgehändigt wurden, während er vor seinem inneren Wall saß. Der griechische Historiker Plutarch, der etwa ein Jahrhundert nach diesem Ereignis geboren wurde, gibt eine eher keltisch gefärbte Beschreibung der Unterwerfung: Vercingetorix legte seine prächtigste Rüstung an und ritt auf seinem sorgsam zurechtgemachten Pferd durch die Tore Alesias zu dem sitzenden Cäsar. Vercingetorix ritt in einem Kreis um ihn herum, sprang von seinem Pferd, warf seine Rüstung ab und setzte sich still und ausdruckslos zu Cäsars Füßen, wo er blieb, bis er weggetragen wurde.

Sechs lange Jahre hielt man ihn in Ketten, um ihn schließlich bei Cäsars Triumphzug dem Volk vorzuführen. 46 v. Chr. wurde sein abgemagerter Körper ein letztes Mal in seine beste Rüstung gekleidet. Im Anschluss an die Parade zu Ehren Cäsars wurde Vercingetorix, der Sohn des Averners Celtillus, Prinz von Gallien, rituell erdrosselt.

Im Verlauf der folgenden zwei Jahre wurde Gallien unter römische Herrschaft gebracht, die so vollständig war, dass es keine weiteren Aufstände gab, nicht einmal während des römischen Bürgerkrieges von 49 – 31 v. Chr. Jedes Anzeichen von Widerstand wurde schonungslos niedergeschlagen. Die neue Provinz hatte Steuern in Höhe von vier Millionen Sesterzen zu leisten, eine gallische Legion wurde aufgestellt

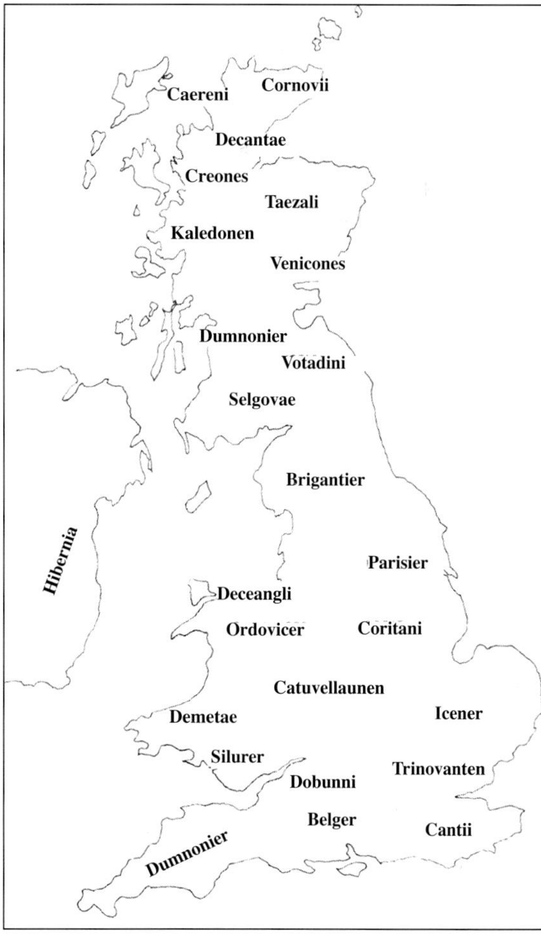

Die wichtigsten Stämme des britischen Festlands um 44 v. Chr.

und einige gallische Anführer wurden in Cäsars Stab berufen. Viele Gallier flohen nach Germanien, in die heutige Schweiz, nach Osteuropa und Britannien. In den letzten Jahren des 1. Jh. v. Chr. gerieten schließlich auch die keltischen Stämme am Fuße der Alpen und an der Donau in den Einflussbereich der Römer.

Britannien

Nahezu 90 Jahre nach der Ermordung von Julius Cäsar folgte Tiberius Claudius Drusus (Claudius, Kaiser von Rom und seinen Provinzen) unerwartet seinem verrückten Neffen Caligula als Kaiser nach, der im Zuge einer Verschwörung unter Beteiligung der meuternden Prätorianergarde ermordet worden war. Dem schüchternen, behinderten und stotternden neuen Kaiser wurde nahe gelegt, dass es an der Zeit für eine Heldentat sei, die die Verleihung von triumphalen Ehren rechtfertige. Die Eroberung Britanniens war eine Gelegenheit zur Erlangung solcher Ehren, ohne ein übermäßiges Risiko eingehen zu müssen. Ein passender Vorwand bot sich, als im Jahr 43 n. Chr. das Ersuchen von Verica (dem König der Atrebaten aus dem südlichen Hampshire) um Hilfe im Kampf gegen den mächtigen Stamm der Catuvellaunen in Rom eintraf. Unter dem Kommando von Aulus Plautius stellte Claudius in Gallien vier Legionen und starke Reservetruppen auf. Diese Armee setzte über den Ärmelkanal und landete bei Richborough und anderen Stellen an der Küste von Kent, wo sie ihre Nachschubbasis dem Anschein nach ohne nennenswerte Störungen durch die Kelten errichtete. Auf ihrem Weg in das Landesinnere überquerten die Römer im Kampf den Fluss Medway und drängten die Kelten bis an die Themse zurück. Die Themse wurde ebenfalls gegen leidenschaftlichen Widerstand überquert. Wie an der Medway schickten die Römer als erstes spezielle batavische Truppen in den Kampf, die unter Beschuss mit ihren Pferden über den Fluss schwammen und einen Brückenkopf errichteten. Am Nordufer errichteten die Römer ein Kastell und erwarteten die Ankunft des Kaisers.

Claudius traf im August dort ein, zusammen mit einer Abordnung der Prätorianergarde und wahrscheinlich auch mit Verstärkungen, die aus Vexillationen aus den Rhein-Legionen bestanden (und, wenn man Dio Cassius Glauben schenken darf, aus Elefanten!). Den Kern dieser Armee, die nun auf die Catuvellaunen-Hauptstadt Camulodunum (Colchester) vorrückte, bildeten die vier Legionen der ursprünglichen Invasionsarmee: Die II. Augusta aus Straßburg, die XIV. Gemina aus Mainz, die XX. Valeria aus Neuss und die IX. Hispania aus Ungarn. All diese Einheiten hatten bereits Erfahrung im Kampf mit Kriegern Nordeuropas gesammelt. Unter den Hilfstruppen, die wahrscheinlich zahlenmäßig den Legionären ebenbürtig waren, fanden sich Bataver aus dem heutigen Holland und verschiedene andere Kohorten von Germanen, Galliern und Thrakern. Camulodunum wurde ohne Schwierigkeiten eingenommen. Dort empfing Claudius die formelle Unterwerfung einiger Stämme, bevor er, nach einem nur zweiwöchigen Aufenthalt und lange vor Einbruch des harten nordischen Winters, nach Rom zurückkehrte. Rom feierte seinen Triumph, während die in Britannien verbliebene Armee sich daran machte, die keltischen Stämme des Inlands niederzuschlagen.

Die XX. Legion blieb in Colchester, die II., die von dem zukünftigen Kaiser Vespasian kommandiert wurde, führte eine Kolonne an, die durch den Westen der Insel zog, um die Atrebaten, Dobunni und Durotriges zu unterwerfen, die XIV. wurden in die West Midlands entsandt, um sich um die Cornovii zu kümmern und die IX. machte sich nach Norden auf in die Gebiete der Coritani. Bis 47 n. Chr. hatte diese Armee für Rom eine britische Provinz erobert, die bis zu einer Linie vom Bristolkanal im Südwesten bis an den Humber im Nordosten reichte. Die einzigen Operationen, über die wir genauere Informationen finden, sind die der II. Augusta. Suetonius zufolge schlugesie 30 Schlachten, unterwarf zwei Stämme (höchstwahrscheinlich die Dobunni und Durotriges) und eroberte 20 Städte sowie die Isle of Wright. Ausgrabungen bei den Kastellen von Maiden Castle und Hod Hill brachten erstaunliche Belege über ihren Ansturm unter schwerem Katapult-Bombardement zutage.

Zwischen 47 und 60 n. Chr. waren die römischen Truppen mit einigen Unterbrechungen immer wieder in schwere Kampfhandlungen verwickelt, zum einen in Wales mit den Silurern aus dem Südosten und zum anderen mit den Ordovicern aus dem zentralen Hochland, die anscheinend von Caractacus angeführt wurden, der ein Sohn des Catuvellaunen-Königs Cunobelinus war.

In den Jahren 59 und 60 n. Chr. führte der römische Militärstatthalter von Britannien, Suetonius Paulinus, zwei Legionen in den Nordwesten von Wales. Der Feldzug erreichte seinen Höhepunkt in einem Angriff auf die Insel Mona (Anglesey), wo sich ein Zentrum des Druidenkults befand, das leidenschaftlich verteidigt wurde. Er ließ seine Kavallerie die Menai-Straße durchschwimmen und folgte mit der Infanterie in Flachboden-Booten. Fundstücke lassen auf blutige Kämpfe schließen, die von abscheulichen Grausamkeiten gekennzeichnet waren und in denen kreischende Druiden die keltischen Krieger anpeitschten. Schlussendlich wurde das Druidenheiligtum vollständig zerstört. Während die Armee in Wales Halt machte, bereit, jedweden verbleibenden Widerstand zu brechen, erreichte sie die Nachricht von einem Desaster im Osten.

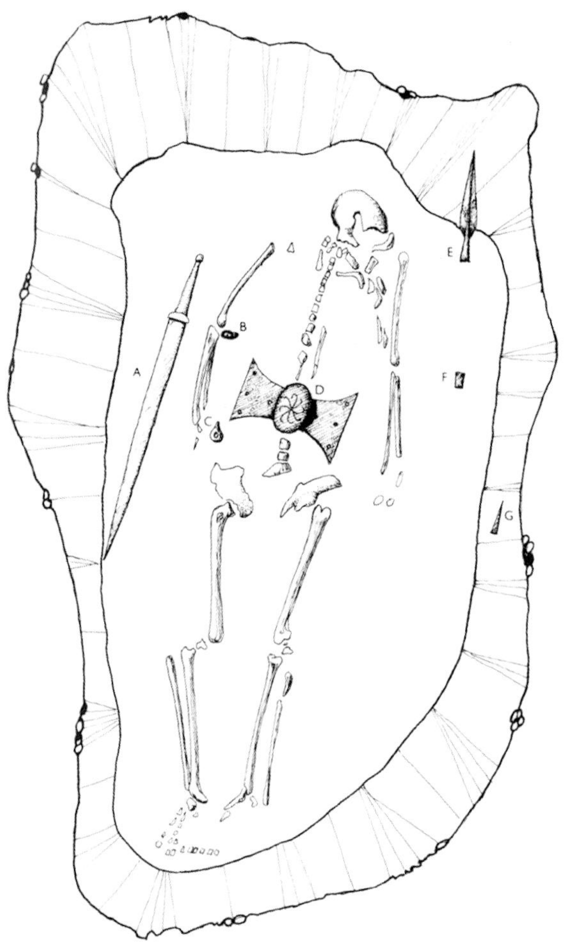

Plan eines keltischen Kriegergrabs aus dem 1. Jh. v. Chr., das 1973 in Owlesbury, Hampshire ausgegraben wurde. (A) Eisenschwert. (B) Bronzeringe des Schwertgurtes. (C) Silber-Riemenhaken. (D) Großer Bronze-Schildbeschlag. (E) Eiserne Lanzenspitze. (F) Eiserne Klemmhülse. (G) Eiserner Schaftdorn.

Boudicca

Die Icener waren ein belgischer Stamm, der Gebiete in Suffolk, Norfolk und Cambridgeshire bewohnte. In der Zeit der Invasion verbündete ihr König Antedions seinen Stamm geschickt mit Rom, wodurch es ihm gelang, Unterwerfung und Sklaverei zu verhindern und seinen eigenen Reichtum zu bewahren. Bevor die XX. Legion das Gebiet im Jahr 49 n. Chr. im Vorfeld des Wales-Feldzuges verließ, entwaffnete sie den Stamm als Vorsichtsmaßnahme, was ersten Unmut unter den Kelten hervorrief. Antedios folgte bald Prasutagus nach, der das Bündnis mit Rom erneuerte. Als im Jahr 60 n. Chr. auch er starb, beschlossen die Römer, das Königreich vollständig zu annektieren. Männer in Diensten des Prokurators, des zivilen und finanziellen Pendants zum Militärstatthalter, plünderten das Stammesgebiet und verursachten so weitverbreitete Not und Entrüstung. Sogar Boudicca, die Königswitwe, wurde ausgepeitscht und ihre Töchter vergewaltigt. Die genaue Abfolge der Ereignisse ist ungeklärt, jedoch kochte bald darauf die Wut in der ganzen Region über und eine offene Rebellion brach aus, in der sich auch bereits befriedete Stämme wie die Trinovanten den Icenern unter der Führung Boudiccas anschlossen.

Ein Jahrhundert nach ihrem Tod schreibt der Historiker Cassius Dio, dass Boudicca „groß, schauerlich anzusehen und mit einer kräftigen Stimme gesegnet [war]. Eine Flut von rotem Haar ergoss sich bis zu ihren Knien, sie trug ein goldenes Halsband aus kunstvollen Teilen, ein vielfarbiges Kleid und darüber einen dicken Umhang, der von einer Fibel zusammengehalten wurde. Sie erhob ihre lange Lanze, um alle, die sie zu Gesicht bekamen, das Fürchten zu lehren.“ Das gemeinsame Heer der rebellischen Krieger fegte nach Süden. Colchester, die ehemalige Hauptstadt von Cunobelinus und Stätte der formellen Unterwerfung der Britonen, war mittlerweile eine romanisierte Stadt, die hauptsächlich von römischen Veteranen außer Dienst und ihren Familien bewohnt wurde. Die Stadt war zwar innerhalb der alten Mauern eines Legionskastells gebaut, doch war ihre Verteidigung vernachlässigt worden. Die letzten Verteidiger flüchteten sich in den im Bau befindlichen Claudius-Tempel, da er das vermutlich stabilste Gebäude war. Der Tempel wurde niedergebrannt und seine Verteidiger abgeschlachtet. Eine Entsatzarmee von etwa 2.000 Männern der 1. Kohorte der IX. Legion und etwa 500 Hilfstruppen, die unter der Führung von Petilius Cerialis über das offene Land eilten, wurde irgendwo in der Nähe von Colchester zerschlagen, und nur Cerialis und Teilen seiner Kavallerie gelang die Flucht nach Lincoln. Verulamium (St. Albans) und London wurden überrannt und geplündert. Dem Prokurator und einigen der reicheren Bürger gelang die Flucht nach Gallien, wobei manche mit großer Sicherheit über Bosham kamen, was im Land des romanisierten Königs des Stammes der Regnenten, Cogidubnus, lag. Die große Mehrheit, die nicht hatte entkommen können, wurde massakriert und grausam gefoltert.

Eilmärsche brachten Suetonius Paulinus schließlich von seinem Wales-Feldzug zurück in ein Gebiet in der Nähe von Lichfield, östlich der Stelle, an der die Watling Street den Fluss Anker kreuzt. Seine Truppen bestanden offenbar aus der XIV.und Teilen der II: und der IX. Legion sowie etwa 4.500 Hilfstruppen.

Zahlreich erreichten Boudiccas Britonen das Schlachtfeld: Voran die unkontrollierbare Masse der Krieger, gefolgt von ihren Familien, die in einem großen Bogen das Lager aus den Wagen errichteten. Nach der üblichen Vorführung aus klirrenden Waffen, schreienden Trompeten, schwingenden Schwertern und lautem Gebrüll stürzten sich die Kelten auf die wartenden Kohorten. Diese begegneten ihnen schulbuchmäßig mit zwei Speersalven, gefolgt von einer Gegenoffensive der Legionäre. Die keltischen Stämme wurden rückwärts gedrängt, durch einen schmalen Engpass. Die Beschaffenheit des Geländes und die dicht gedrängte Masse der Nicht-Kombattanten und der Wagen hinter ihrer Stellung wirkten wie eine Falle, die es den Legionen und der Hilfstruppenkavallerie leicht machte, sie in Stücke zu hacken. Die Kämpfe dauerten viele Stunden an und das Gemetzel war groß. Dieser Einsatz bescherte der XIV. Gemina den ehrenvollen Titel „Martia Victrix". Ihre Rebellion in Trümmern, starb bald Boudicca, die große Dame der Icener. Es gibt widersprüchliche Hinweise sowohl auf natürliche Todesursachen als auch auf Gift.

Vexillationen der Rhein-Legionen wurden zur Verstärkung der geschwächten Garnison nach Großbritannien verschifft. Trotz des Wintereinbruchs blieb die Armee in ihren Lederzelten auf dem Feld. Eine gnadenlose Strafexpedition verwüstete die Stammesgebiete. Im Jahr 61 n. Chr. wurde schließlich ein neuer Statthalter entsandt. Petronius Turpilianus ersetzte mit einer flexibleren und diplomatischeren Strategie die Terrorherrschaft von Suetonius Paulinus. Daraufhin beruhigte sich das eroberte Britannien und aus der Anarchie der Stämme wurde langsam eine kapitalistische Oligarchie.

Agricola

Es sollte allerdings weitere 20 Jahre dauern, bis römische Waffen die Grenzen der Provinz bis in den hohen Norden ausdehnten. Man schrieb das Jahr 84 n. Chr., als Julius Agricola (ein äußerst fähiger Militärstatthalter, dessen Amtszeit verlängert worden war, um ihm eine Reihe von Feldzügen zur Expansion nach Norden zu ermöglichen) endlich der letzten keltischen Armee Britanniens gegenüberstand. Unter der Führung von Calgacus standen irgendwo in der Nähe von Inverurie in Schottland (der genaue Ort von „Mons Graupius" ist nicht bekannt) über 30.000 kaledonische Krie-

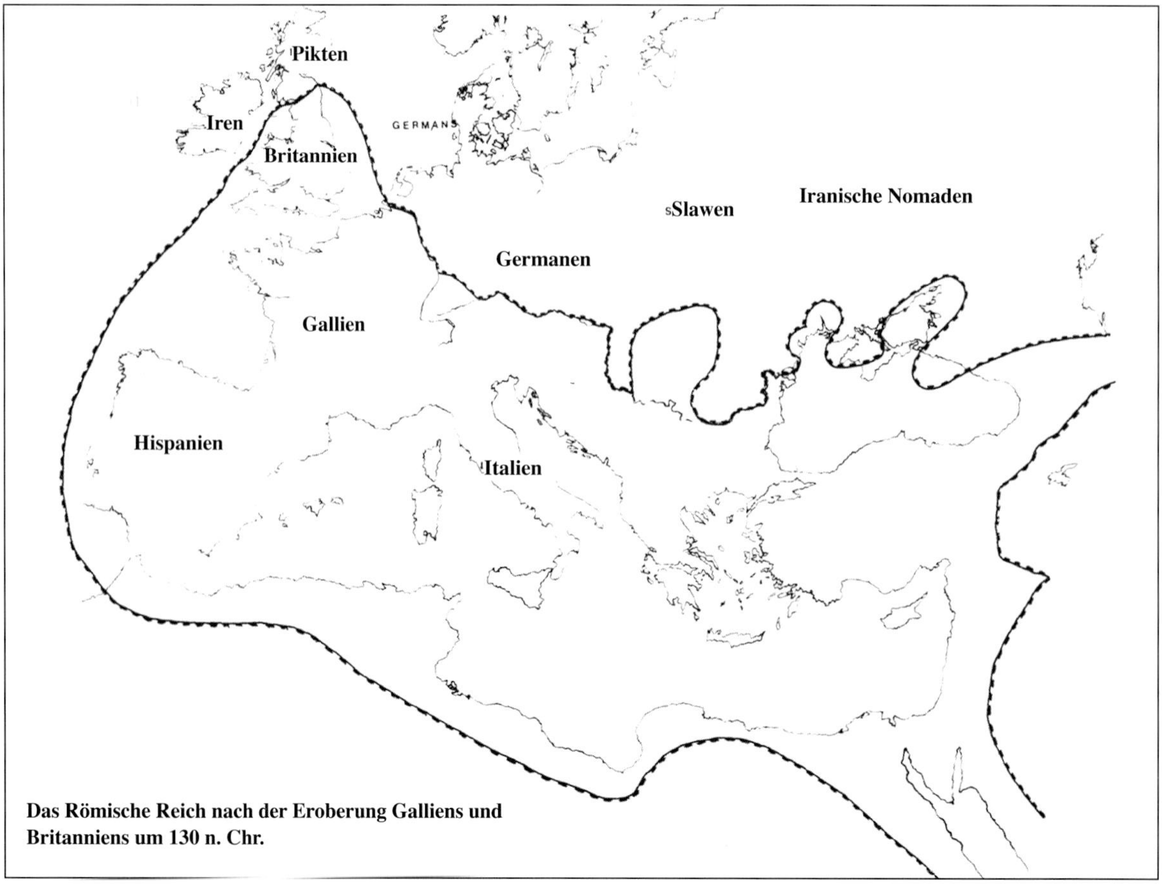

Das Römische Reich nach der Eroberung Galliens und Britanniens um 130 n. Chr.

ger bereit. Die Kaledonier standen dort mit ihren „großen Schwertern und kurzen Schilden" und wichen den Geschossen der Artillerieschützen aus oder wehrten sie kunstvoll ab. Die keltischen Streitwagen vollführten virtuos ihre üblichen Kunststücke zwischen den zwei Armeen.

Agricola eröffnete den Angriff mit seinen gallischen und germanischen Hilfstruppen. Diese halbzivilisierten Söldner griffen mit solch einem Elan an, dass sie bald tief in die keltischen Linien eingebrochen waren und Gefahr liefen, eingeschlossen zu werden. Die römische Kavallerie, die vorgeschickt wurde, um ihnen zur Hilfe zu eilen, drang erfolgreich in die feindlichen Linien vor. Es gelang ihr jedoch nicht, bis zu denen vorzudringen, die auf einem Hügel weiter hinten versammelt waren. Ihre Pferde rutschten aus, suchten vergeblich nach Halt und warfen einige Reiter ab.

Dies ermutigte die Kaledonier, die nun ihrerseits vorwärts stürzten, ihren Vorteil auszunutzen. Die Aufgabe der erhöhten Stellung war die Chance für Agricola: Seine Kavallerie-Reserve stieß in die Flanke der Kelten und brach sie auf. Einige kämpften wild bis an ihr Ende, die meisten flüchteten in die Hügel. Die Infanterie-Legion war gar nicht eingesetzt worden. Archäologische Funde deuten darauf hin, dass Rom zu gegebener Zeit vorhatte, zumindest einen Teil der schottischen Highlands zu besetzen. Was auch immer der Grund gewesen sein mag, sicher ist, dass die Kastelle vor ihrer Fertigstellung aufgegeben wurden und die Konsolidierung der befriedeten Provinz vor dem Hadrianswall stattfand. Dieses außergewöhnliche Stück Ingenieurskunst erstreckte sich von Küste zu Küste quer durch das Land, etwas südlich der heutigen Grenze zwischen England und Schottland. Eine kurze Zeit lang stand Rom im 2. Jahrhundert n. Chr. am weiter nördlichen Antoniuswall, der zwischen dem Firth of Clyde und dem Firth of Forth errichtet wurde. Mehrmals machten spätere Kaiser zudem Ausfälle nach Kaledonien, als Antwort auf Spannungen an der nördlichen Grenze. Insgesamt aber blieben die unberührten schottischen Highlands die letzte freie Zuflucht der keltischen Volksstämme in Britannien.

DIE ABBILDUNGEN

A: Krieger der frühen La-Tène-Zeit; spätes 5. Jh. v. Chr.

Der Häuptling A1 trägt einen spitzen Bronze-Helm mit einem Absatz an der vorderen Kante. Die breite Randverzierung ist mit einer Treibarbeit im La-Tène-Stil geschmückt. Brustpanzer dieser Art wurden besonders in Italien getragen. Er besteht aus einer runden Bronzeplatte, die an über Kreuz laufenden Riemen befestigt ist und von getriebenen Bolzen verstärkt und geschmückt wird.

Der Krieger A2 trägt einen Helm der bei Negau in Jugoslawien gefundenen Art. Dieser hat keinen Kammschmuck, obwohl die meisten gefundenen Exemplare längs- oder querlaufende Beschläge auf dem Kamm haben. Am Rand ist ein gelochter Ring befestigt, an dem das Futter festgenäht wurde, was den Helm in einer Position weit oberhalb der Ohren, hoch auf dem Kopf hielt. Im Gegensatz dazu ist A3 ein einfacher freier Stammeskrieger. Sein Schild ist seine einzige Verteidigung und sein Schwert ist von mittelmäßiger Qualität. Umsichtig opfert er eine Gold-Fibel einem Wassergeist, bevor er in den Krieg zieht.

Alle drei tragen Kleidungsstücke aus Wolle, teilweise mit kariertem Muster. A1 trägt dazu einen ungefärbten, cremefarbenen Umhang aus neuem Zwirn. A2 trägt einen Kittel mit Ärmeln unter einem dickeren, ärmellosen Wams aus gemischter Wolle.

Die frühesten Geschichtsschreiber beschreiben die keltischen Muster als „kariert", „gesprenkelt", „gestreift" oder „vielfarbig". Viele Experten glauben heute, dass in den frühen Zeiten breite, einfache, symmetrische Muster unwahrscheinlicher waren als ziemlich komplizierte, „gestreifte" Muster aus sich nicht wiederholenden Wellen. Wir haben versucht, das hier angemessen zu zeigen. Die erhaltenen Stofffragmente sind fest und auf komplizierte Weise gewebt und insgesamt von hoher Qualität; Farben sind nicht erhalten.

Die Waffen dieser Krieger entsprechen denen, die in den Wagengräbern aus dieser Zeit gefunden wurden. Die Schwerter sind meist spitz und haben eine Klingenlänge zwischen 55 und 70 cm. Einige sind von bester Qualität, stark und flexibel, mit Klingen aus Damaszenerstahl und einem Griff aus Horn, Knochen oder Holz. Der Häuptling A1 hat einen passenden, aus Schwert und Dolch bestehenden Satz. Die Scheide bestand meist aus mit Leder überzogenem Holz. Ein in Schottland entdecktes Exemplar ist aus einer schmalen Haselnuss-Leiste gefertigt, die zwischen zwei Lagen einer Tierhaut geschoben wurde. Einige waren aus Eisen oder Bronze. Große Schmuckscheiden sind typisch für die frühe La-Tène-Zeit. Bronzene Exemplare haben manchmal eine behauene Oberfläche, die vermutlich Leder imitieren sollte. Keltische Lanzen gibt es in unterschiedlichen Größen und Formen. Die kleinen Wurfspeere haben etwa 10 cm lange, manche Lanzen bis zu 50 cm lange Spitzen.

B: Gallische Krieger der mittleren La-Tène-Zeit, 3. - 2. Jh. v. Chr.

Dies war die Zeit der großen Invasion der italienischen Halbinsel, als die Gaesatae, eine besondere Gruppe frei ziehender

Überreste eines britischen Schilds aus der Witham in Lincolnshire; 3./2. Jh. v. Chr. Er diente, genau wie der prächtige Battersea-Schild aus der Themse, wahrscheinlich nur zeremoniellen Zwecken. Das dünne, leicht taillierte Bronzeblech war ursprünglich mit Holz verstärkt. Auf der Vorderseite sind die Umrisse eines stilisierten Wildschweins abgebildet. Die erhöhte Bronzerippe ist am Schild festgenietet. Der ovale „Buckel" und die Rosetten an beiden Enden weisen Verzierungen im „insularen La-Tène"-Stil auf. Man beachte die versetzte Position des Buckels und die Einsätze aus Emaille und buntem Glas.
(Britisches Museum)

Krieger aus dem gallischen Hinterland jenseits der Alpen, nach Süden kamen. Sie kämpften nackt in der Schlacht bei Telamon. Einer von ihnen ist hier als B1 abgebildet. Er trägt einen edlen Montefortino-Helm mit massiven Wangenklappen, die mit einem Lederriemen an Ringen an der Unterseite des Nackenschutzes befestigt sind, und einen Schmuck aus Pferdehaar. Der Torques ist aus Bernstein, der Plattengürtel und das Armband sind aus Bronze. Als Waffen hat er eine lange Stoßlanze, zwei Wurfspeere und ein Schwert, das mit einem Metallring auf der Rückseite der Scheide an einem Ring am Gürtel eingehängt wird. Der Schild ist in verschnörkelten Mustern bemalt. Aus der Marne-Gegend kommt Krieger B2. Er hat einen einfachen „Jockeymützen"-Helm ohne Wangenklappen, der von Riemen gehalten wird, die in Löchern an der Unterkante befestigt sind. Eventuell gab es einen dritten Befestigungspunkt unter dem Nackenschutz, wo sich Trageringe befanden. Der bronzene Torques war teilweise reich verziert. Um seinen kurzen, dicken Wollkittel trägt er einen geflochtenen Wollgürtel. Solche Streifen halten auch die weite Hose an den Knöcheln zusammen. Der große Schild ist mit einem Motiv aus verbundenen Torques dekoriert. Das recht lange Schwert, neben dem er einen Dolch trägt, ist von guter Qualität.
Der Reiter B3 stammt aus dem 2. Jh. In seinem *Untergang der Römischen Republik* beschreibt Plutarch die Kimbern-Kavallerie bei Vercellae als Träger von Helmen, die den klaffenden Mäulern schrecklicher Bestien glichen und hohe Federbüschel hatten. Sie trug weiße Schilde, zwei Wurfspeere, große schwere Schwerter und eiserne Brustpanzer.
Diese Rekonstruktion stützt sich auf bekannte Exemplare keltischer Kriegsausrüstung dieser Zeit. Der Eisenhelm richtet sich nach einem Vorbild aus Ciumesti Maramures in Rumänien. Auf der Oberseite ist ein Bronzevogel angebracht, dessen Flügel mit Scharnieren befestigt waren und schlugen, wenn sich der Krieger wild bewegte. (Helme mit Tierdarstellungen finden sich auf dem Gundestrup-Kessel, aber keine bekannten keltischen Helme stimmen genau mit Plutarchs Beschreibung überein). Der rumänische Helm wurde gemeinsam mit einem bronzenen Kettenmantel und bronzenen Beinschienen gefunden. Die „eisernen Brustpanzer", die Plutarch erwähnt, waren wahrscheinlich eher eiserne Kettenpanzer, wie sie hier abgebildet sind.

C: Gallische Kavalleristen der späten La-Tène-Zeit, 1. Jh. v. Chr.

Der Reiter C1 trägt einen Helm mit einem Schirm, wie aus einem Grab in Osteuropa, wo er zusammen mit dem Schwert, dem Köcher und dem Pferdegeschirr begraben lag. Der Torques ist aus Gold. Der kurze Kittelrock hat einen abgesetzten Saum, die gelb und grün karierte Hose ist in die

niedrigen Stiefel gesteckt. Die Standarte mit dem Wildschwein ist einem stilisierten Bronzeguss nachempfunden, wie er bei Neuvy-en-Sullius im Loiret in Frankreich gefunden wurde.
Viele keltische Reiter kämpften ohne Helme oder Rüstung, und es ist wahrscheinlich, dass ärmere Krieger im Verlauf der Kämpfe mit Rom damit begannen, erbeutete römische Rüstungsteile zu verwenden, die nicht dem Ritus folgend zerstört worden waren. C2 ist mit einem Helm abgebildet, der sich zu dieser Zeit bereits dem Ende seiner Verwendung näherte. Es ist ein erbeuteter römischer Infanterie-Helm des sogenannten „etrusko-korinthischen" Typs. Diese eigenartige Abwandlung eines geschlossenen griechischen Korinther-Typs hat Andeutungen von Augenöffnungen und des Nasenschutzes der Gesichtspartie des Originals auf dem Teil, der hier das Visier ist. Der Kamm ist aus Pferdehaar. Der Reiter im Hintergrund trägt eine Carnyx, eine große keltische Kriegstrompete.
Diese Reiter warfen ihre Speere gewöhnlich unmittelbar vor dem Kontakt mit dem Gegner. Die schwerere Stoßlanze wurde im engeren Kampf benutzt, und zuletzt kam das Schwert zum Einsatz. Die wenigen Funde lassen darauf schließen, dass die Schilde der Kavallerie eine runde, ovale oder abgeschnitten-ovale Form hatten und über eine Mittelrippe verfügten. Sie waren wie die Infanterieschilde konstruiert, wie man sie aus archäologischen Funden kennt, hatten aber wahrscheinlich ein anderes Tragesystem. Klassische Schnitzereien zeigen Kavallerieschilde, die sowohl mit einem Armriemen als auch mit einem Handgriff getragen werden konnten. Ein Handgriff war entweder zentral hinter dem Buckel oder der Mitte der äußeren Rippe befestigt, oder zwischen der Mitte und der vorderen Kante des Schilds.

D: Britischer Streitwagen und Besatzung, um 55 v. Chr.

Der Wagenlenker ist ein einfacher Krieger, dessen Körper mit dem blauen Extrakt des Färberwaids (*Isatis Tinctoria*) bemalt ist. Hier sind es dekorative La-Tène-Muster, die wir von britischen Artefakten kennen, es können aber durchaus auch einfachere Formen gewesen sein. Sein Mitfahrer ist ein belgischer Adliger, voll bewaffnet mit einem Satz Wurfspeere, einem Schwert und einem Infanterieschild.
Der Aufbau ist circa einen Meter breit und fährt auf Rädern von etwa 90 cm Durchmesser. Obwohl er nicht ganz so leicht konstruiert war wie die früheren ägyptischen und syrischen Exemplare, von denen gesagt wird, sie seien so leicht gewesen, dass ein Mann sie allein tragen konnte, waren die keltischen Streitwagen extrem schnelle und wendige Fahrzeuge. Die Kelten liebten es, auf ihnen bei voller Fahrt wagemutige Kunststücke zu vollführen. Der Krieger konnte von der Plattform aus Reiter bekämpfen oder er stieg ab, um es zu Fuß mit der Infanterie aufzunehmen. Der Wagenlenker hielt in der Nähe, immer bereit, seinen Herrn aus einer Notsituation zu befreien.
Der Wagen ist hier bemalt dargestellt, obwohl es keine unmittelbaren Belege für diese Praxis gibt, d. h. keine Farbspuren auf ausgegrabenen Streitwagenteilen oder Hinweise auf Bemalungen keltischer Streitwagen in der klassischen Literatur. Es gibt aber Hinweise auf vielfältige Metalle, die zur Ausstattung der Wagen verwendet wurden. Altirische Epen, von denen manche Historiker glauben, dass sie glaubhafte indirekte Belege darstellen, beschreiben den rot-weißen Streitwagen von Cuchulain. Schließlich kann auch von der keltischen Vorliebe für Farben darauf geschlossen werden.

E: Späte gallische Krieger,um 52 v. Chr.

Der Reiter E1 hat ein Exemplar eines breitrandigen Agen-Helms, wie er auf dem Schlachtfeld bei Alesia gefunden wurde, am einen Sattelknauf hängen, am anderen hängt sein Schild. Er trägt ein gestreiftes Wollwams über einem karierten, langärmligen Kittel und hat einen Umhang, der am Sattel festgebunden ist.
Der Eisenhelm des Edelmannes E2 ist ein Port-Typ aus der letzten Phase der La-Tène-Kultur. Über einem langärmligen Kittel mit Flechtarbeiten an Handgelenken und Saum trägt er einen leichten Kettenpanzer, der an den Hüften geschlitzt ist, um ein besseres Sitzen auf dem Pferd zu ermöglichen.
Diese beiden Krieger sind typische Beispiele für die besser ausgestatteten Gefolgsleute, die Vercingetorix bei seinem heldenhaften Aufstand unterstützten. Der Geschirr-Schmuck basiert auf Exemplaren verschiedener Fundorte keltischer Relikte aus dem 1. Jahrhundert. Derartige Wurfspeere wurden bei Alesia gefunden. Die Moral dieser Krieger wird durch die Entdeckung eines blutigen Stofffetzens nicht gerade verbessert worden sein, denn dies war ein Omen, das Schreckliches ankündigte.

F: Leichte keltische Infanteristen, 1. Jh. v. Chr./1. Jh. n. Chr.

Der Krieger mit der Schleuder F1 steht für west-britische Verteidiger von Wallburgen wie Maiden Castle, Dorset und Danebury in Hertfordshire. Sein Munitionsbeutel ist gefüllt mit „Kieselsteinen", die eigentlich pflastersteingroße und durch Wasser geglättete Steine von ähnlichem Gewicht waren, die an Stränden und Flüssen gesammelt wurden.
Der Bogenschütze F2 repräsentiert die kleine Gruppe der Bogenschützen, die Vercingetorix aus ganz Gallien bei Alesia sammelte. Er selbst stammt aus dem Südwesten. In der

Schlacht am Mons Graupius im Jahr 83 n. Chr. an unbekannter Stelle in den Grampian Hills sollen kaledonische Krieger wie F3 großen Mut und Können bewiesen haben, als sie römische Geschosse mit ihren langen Schwertern und kurzen Schilden abwehrten. Schließlich wurden sie trotzdem von Agricolas germanischen Hilfstruppen unter Einsatz klassischer römischer Nahkampftaktiken besiegt.

Junge Männer wie F4, die noch nicht stark genug waren, um in den Reihen der „stürmenden" Infanterie mit dem Feind Schwerthiebe auszutauschen, konnten dennoch ihrem kämpferischen Geist folgen und ihre Fähigkeiten als Speerwerfer einsetzen, die sie in den Häusern ihrer Pflegeväter erlernten.

G: Garde-Kavalleristen der römischen Armee, frühes 2. Jahrhundert n. Chr.

Unter den Schnitzereien des Siegesreliefs im Trajansforum zu Rom finden sich Szenen, die Trajan mit Männern der Gardeeinheiten seiner Armee zeigen. Neben der Infanterie stehen abgesessene Kavalleristen, die ihrem Kaiser die abgetrennten Köpfe geto-dakischer Adliger darbringen. Seit den Tagen Julius Cäsars 150 Jahre zuvor waren zahlreiche Gallier, insbesondere Kavalleristen, in die römische Armee aufgenommen worden. Zumindest ein Fachmann ist der Meinung, dass einige Szenen des geschnitzten Reliefs darauf hinweisen, dass man unter der Herrschaft von Trajan die Absicht hatte, die Hilfstruppen enger mit dem Mythos der kaiserlichen Armee zu verknüpfen, und dass diese Truppen mit einer Art Gardestatus geehrt wurden. Man könnte durchaus annehmen, dass diese Soldaten, die die Köpfe keltischer Krieger in die Höhe recken, selbst Gallier waren.

Die hier abgebildeten Helme des zeremoniellen attischen Typs wurden wahrscheinlich im Kampf durch stabilere Kopfbedeckungen ersetzt. Bei den Farben der Kleidung handelt es sich zugegebenermaßen um reine Vermutungen. Es gibt keine sicheren Belege für die Farben der Gardeuniformen und der Schilde, dennoch scheint ein gewisses Schema plausibel zu sein.

GLOSSAR

Alanen	Sarmatische Nomaden aus Südost-Russland
Alemannen	Bund verschiedener germanischer Stämme in Gallien.
Angeln	Germanen aus dem Ostseeraum, die an der Besiedlung des britischen Tieflands teilnahmen.
Angon	Ein schwerer germanischer Wurfspeer.
Briten	Sammelbezeichnung für die meisten Kelten auf dem britischen Festland, von denen sich ein Teil in Gallien nieder ließ.
Burgunder	Germanen vom Mittelrhein, die sich in Gallien niederließen.
Daker	Thrakisches Volk aus Osteuropa, das von Rom vernichtet wurde.
Föderaten	Durch einen Vertrag (*foedus*) mit Rom verbündete Barbaren.
Francisca	Germanische Wurfaxt, die in großem Umfang von den fränkischen Stämmen eingesetzt wurde.
Franken	Germanen aus der Rheinregion, die sich nach Belgien und schließlich über den größten Teil Galliens ausbreiteten.
Friesen	Germanen aus dem westeuropäischen Tiefland, die zum Teil an der Besiedlung Britanniens teilnahmen.
Gallier	Die Kelten des europäischen Festlands.
Gepiden	Germanisches Volk aus der mittleren Donauregion, die von den Awaren, einem turko-mongolischem Volk, übernommen wurde.
Germanen	Eine große indogermanische Gruppe
Goten	Die mächtigste Gruppe der antiken Germanen. Vom Ostseeraum aus verbreiten sie sich über das westliche Russland und beherrschten schließlich weite Teile von Gallien, Italien und Spanien.
Hallstatt	Die erste keltische Eisenzeit, die um 600 v. Chr. beginnt.
Hunnen	Turko-mongolische Nomaden aus den eurasischen Ebenen.
Indogermanen	Nordische Nomaden aus den eurasischen Ebenen.
Iraner	Große Gruppe indogermanischer Nomaden.
Jüten	Germanisches Volk aus dem Ostseeraum, das an der Besiedlung des britischen Tieflands beteiligt war.
Kelten	Eine große indogermanische Gruppe.

Kimbern	Keltisches Volk von der mittleren Donau. Einige Wissenschaftler halten sie für Germanen.
La Tène	Die Endphase der keltischen Eisenzeit, die etwa 350 v. Chr. beginnt.
Langobarden	Germanisches Volk aus Nordgermanien, das sich in Italien niederließ.
Markomannen	Germanen aus der Donauregion.
Ostgoten	Der östliche Zweig der Goten.
Phrygier	Thrakisches Volk aus Kleinasien.
Quaden	Germanischer Stamm aus der mittleren Donauregion.
Sachsen	Germanen aus dem Ostseeraum.
Salfranken	Franken von der nordwesteuropäischen Küste; „salzige" Franken.
Sarmaten	Iranische berittene Nomaden.
Sax (Saex)	Einschneidige Messer, die häufig in Gräbern von Sachsen in Britannien und kontinentaleuropäischen Germanen zu finden sind.
Skythen	Iranische berittene Nomaden.
Slawen	Eine große indogermanische Gruppe.
Spangenhelm	Aus mehreren Teilen zusammengesetzter Helm, der in Europa im 3. Jh. n. Chr. eingeführt wurde.
Teutonen	Keltischer Stamm. Einige Wissenschaftler halten sie für Germanen.
Thraker	Große indoeuropäische Gruppe.
Vandalen	Germanen aus dem Ostseeraum, die sich in Gallien, Spanien und Nordafrika niederließen.
Wenden	Germanisiertes slawisches Volk, das an der germanischen Besiedlung des britischen Tieflands beteiligt war.
Westgoten	Der westliche Zweig der Goten, der sich Spanien einverleibte.

QUELLEN:

Trajan's Column and the Dacian Wars, Lino Rossi
The Arms and Armour of Imperial Rome, H. Russel Robinson
Oriental Armour, H. Russel Robinson
Romania , Dimitru Berciu

An weiterem Lesestoff Interessierte finden hier eine Liste von Büchern zum Thema:

Germania, Tacitus
Annalen, Tacitus
Historien, Tacitus
The Celts, T. G. E. Powell
The Decline and Fall of the Roman Empire, Edward Gibbon
A Study of History, Arnold Toynbee
The World of the Huns, Otto Maenchen-Halfen
The Treasure of Sutton Hoo, Bernice Groskopf
The Age of Arthur, John Morris
The Anglo-Saxons, D. J. V. Fisher
Anglo-Saxon England, Sir Frank Stenton
Roman Britain and the English Settlements, R. G. Collingswood & J. N. L. Myers
Arthur's Britain, L. Alcock
Races of Europe, Carleton S. Coon
The World of Late Antiquity, P. Brown
The Kingdom of the Franks, P. Lasko
The Barbarian West, J. M. Wallace-Hadrill
The Northern Barbarians, M. Todd
The Penguin Atlas of Ancient History, Colin McEvedy
The Penguin Atlas of Medieval History, Colin McEvedy
Archaeology of Weapons, Ewart Oakeshott
Dark Age Warrior, Ewart Oakeshott
The Dark Ages, David Talbot Rice
The Goths in Spain, E. A. Thompson
Barbarian Europe, Philip Dixon
The Art of War in the Middle Ages, Sir Charles Oman
The Bog People, P. V. Glob
The Vikings and Their Origins, D. Wilson
The Slavs, M. Gimbutas
The Armies and Enemies of Imperial Rome, Phil Barker
Armies of the Dark Ages 600-1066, Ian Heath

In gleicher Reihe erschienen

Richard Brzezinski /
illustriert v. Richard Hook

Die Armee Gustav Adolfs

Infanterie und Kavallerie

96 Seiten, zahlreiche, meist farbige Abbildungen,
Format: 185 x 250 mm,
Hardcover.
€ (D) 9,95 / € (A) 10,20 /
SFR 16,-
ISBN: 978-3-87748-649-8
VSB-Nr.: 656852

Ian Heath / David Nicolle /
Angus McBride

Wikinger und Normannen

128 Seiten, zahlreiche, meist farbige Abbildungen,
Format: 185 x 250 mm,
Hardcover.
€ (D) 9,95 / € (A) 10,20 /
SFR 16,-
ISBN: 978-3-87748-630-6
VSB-Nr.: 656723

Philip Haythornthwaite

Die Armee Friedrichs des Großen

Infanterie und Kavallerie

96 Seiten, zahlreiche, meist farbige Abbildungen,
Format: 185 x 250 mm,
Hardcover.
€ (D) 9,95 / € (A) 10,20 /
SFR 16,-
ISBN: 978-3-87748-641-2
VSB-Nr.: 656822

Douglas Miller /
Gerry Embleton

Landsknechte

1485-1560
128 Seiten, zahlreiche, meist farbige Abbildungen,
Format: 185 x 250 mm,
Hardcover.
€ (D) 9,95 / € (A) 10,20 /
SFR 16,-
ISBN: 978-3-87748-636-8
VSB-Nr.: 656815

Stephen Turnbull /
Wayne Reynolds

Ninja und japanische Kampfmönche

950-1650

128 Seiten, zahlreiche, meist farbige Abbildungen,
Format: 185 x 250 mm,
Hardcover.
€ (D) 9,95 / € (A) 10,20 /
SFR 16,-
ISBN: 978-3-87748-631-3
VSB-Nr.: 656724

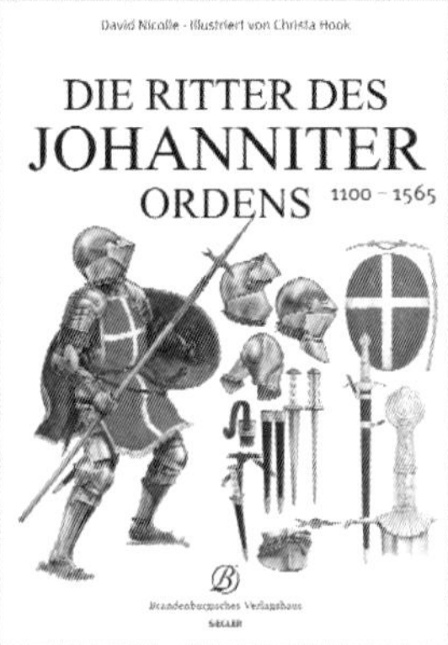

David Nicolle / Christa Hook

Die Ritter des Johanniterordens

1100-1565

128 Seiten, zahlreiche, meist farbige Abbildungen,
Format: 185 x 250 mm,
Hardcover.
€ (D) 9,95 / € (A) 10,20 /
SFR 16,-
ISBN: 978-3-87748-637-5
VSB-Nr.: 656816

Anthony J. Bryant / Angus McBride

Die Geschichte der Samurai

200-1600

128 Seiten, zahlreiche, meist farbige Abbildungen,
Format: 185 x 250 mm,
Hardcover.
€ (D) 9,95 / € (A) 10,20 /
SFR 16,-
ISBN: 978-3-87748-632-0
VSB-Nr.: 656725

Philip Katcher

Die Truppen des amerikanischen Bürgerkrieges

Konföderierte u. Unionisten

96 Seiten, zahlreiche, meist farbige Abbildungen,
Format: 185 x 250 mm,
Hardcover.
€ (D) 9,95 / € (A) 10,20 /
SFR 16,-
ISBN: 978-3-87748-643-6
VSB-Nr.: 656824

In gleicher Reihe erschienen

Philip Haythornthwaite

Die kaiserliche Armee Österreichs

1740-1780

Infanterie und Kavallerie
96 Seiten, zahlreiche, meist farbige Abbildungen,
Format: 185 x 250 mm,
Hardcover.
€ (D) 9,95 / € (A) 10,20 /
SFR 16,-
ISBN: 978-3-87748-642-9
VSB-Nr.: 656823

Jason Hook / Michael G. Johnson / illustriert v. Richard Hook

Die Indianer Nordamerikas

16.-19. Jahrhundert

96 Seiten, zahlreiche, meist farbige Abbildungen,
Format: 185 x 250 mm,
Hardcover.
€(D) 9,95 / € (A) 10,20 /
SFR 16,-
ISBN: 978-3-87748-650-4
VSB-Nr.: 656851

Nigel Thomas / Ramiro Bujeiro

Die deutsche Armee im 1. Weltkrieg

1915-1917

96 Seiten, zahlreiche, meist farbige Abbildungen,
Format: 185 x 250 mm,
Hardcover.
€ (D) 9,95 / € (A) 10,20 /
SFR 16,-
ISBN: 978-3-87748-659-7
VSB-Nr.: 656899

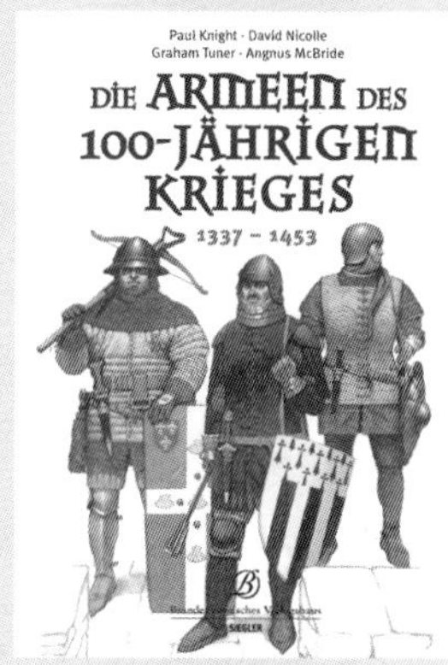

David Nicolle / Angus McBride / Paul Knight / Graham Turner

Die Armeen des 100-jährigen Krieges

1337-1453

96 Seiten, zahlreiche, meist farbige Abbildungen,
Format: 185 x 250 mm,
Hardcover.
€ (D) 9,95 / € (A) 10,20 /
SFR 16,-
ISBN: 978-3-87748-645-0
VSB-Nr.: 656834

Ross Cowan / Angus McBride

Römische Legionäre

Republik (58 v. – 69 n. Ch.) und Kaiserreich (161 – 244 n. Chr.)

128 Seiten, zahlreiche, meist farbige Abbildungen,
Format: 185 x 250 mm,
Hardcover.
€ (D) 9,95 / € (A) 10,20 /
SFR 16,-
ISBN: 978-3-87748-658-0
VSB-Nr.: 656900

Stephen Turnbull / illustriert von Wayne Reynolds u. Angus McBride

Mongolen

Krieger 1200-1350

112 Seiten, zahlreiche, meist farbige Abbildungen,
Format: 185 x 250 mm, Hardcover.
€ (D) 9,95 / € (A) 10,20 /
SFR 16,-
ISBN: 978-3-87748-669-6
VSB-Nr.: 656961

Michael Simkins / Ronald Embleton

Die römische Armee von Caesar bis Constantin

44 v. Ch.-333 n. Chr.

96 Seiten, zahlreiche, meist farbige Abbildungen,
Format: 185 x 250 mm, Hardcover.
€ (D) 9,95 / € (A) 10,20 /
SFR 16,-
ISBN: 978-3-87748-646-7
VSB-Nr.: 656835

Brandenburgisches Verlagshaus
SiEGLER

Math. Lempertz GmbH
Hauptstr. 354
53639 Königswinter

Bestellhotline: 01805 / 708 709
Bestellfax: 0531 / 79 59 39
bestellung@vsb-service.de